TOWARDS CULTURAL CREATIVE ERA

走向文化创意时代

郭万超◎著

经济日报出版社

图书在版编目（CIP）数据

走向文化创意时代/郭万超著. -- 北京：经济日报出版社，2016.6

ISBN 978-7-80257-959-0

Ⅰ. ①走… Ⅱ. ①郭… Ⅲ. ①文化产业-研究-中国 Ⅳ. ①G124

中国版本图书馆 CIP 数据核字（2016）第 129309 号

走向文化创意时代

作　　者	郭万超
责任编辑	张　丹
出版发行	经济日报出版社
社　　址	北京市西城区白纸坊东街 2 号
邮政编码	100054
电　　话	010-63567691（编辑部）　010-63538621（发行部）
网　　址	www.edpbook.com.cn
E-mail	edpbook@126.com
经　　销	全国新华书店
印　　刷	北京九州迅驰传媒文化有限公司
开　　本	710×1000 mm　1/16
印　　张	15
字　　数	200 千字
版　　次	2016 年 6 月第一版
印　　次	2016 年 6 月第一次印刷
书　　号	ISBN 978-7-80257-959-0
定　　价	36.00 元

目　录

一、理论争鸣

二、文创大势

三、经营之道

四、体制政策

五、国际经验

六、北京文创

一、理论争鸣

“文化产业”概念的演变、含义与构成

一、“文化产业”概念的演变与含义

（一）国外

法国学者路易·多诺指出，20 世纪是一场“文化革命”，其中一个重要标志就是文化产业的空前发展，它包括书籍、唱片、音乐磁带等文化财产，广播、影视、音像、音响设备等文化设备和发射机、接受器等传播载体三个方面。

澳大利亚学者斯图亚特·坎宁安把“文化产业”概念的演变分为四个阶段：[1]一是 20 世纪 30 至 40 年代，代表理论是法兰克福学派的否定性观点；二是 20 世纪 70 至 80 年代，主要特点是重新用文化来界定已成型的商业产业；三是撒切尔时期，基本特色是城市重建等实用艺术的实践；四是新古典主义经济学对艺术的应用。

一般认为，法兰克福学派的霍克海默和阿尔多诺最早提出严格意义文化产业概念。在《启蒙辩证法》一书中，他们明确提出了 Culture Industry（译为文化工业或文化产业）的概念，用以代替“大众文化”来表示大众文化的产品及其生产过程。但法兰克福学派对文化工业持一种否定态度，认为“文化工业”是“或多或少按照计划而生产出来的文化产品，这种产品是为大众消费度身定做的，并在很大程度上决定了消费的性质”。[2]从对大众文化和文化工业的争论中，法兰克福学派实际上阐释了文化工业的内涵：通常情况下，“文化工业”是凭借现代科技手段大规模复制、传播文化产品的工业体系，以工业化生产为标志，以普通大众为消费主体，其中，“工业”不是指技术上的生产过程，而是“事物本身的标准化和分配技术的合理化”。

伴随经济和信息技术的快速发展，特别是当“文化工业”与各国发展战略和实践紧密结合时，“文化产业”一词逐渐变成一种中性甚至褒义的概念，并以英、美等发达国家为中心扩散开来，联合国教科文组织、欧洲委员会和很多国家也开始使用复数形式的“文化产业”。20 世纪 80 年代，英国首次使用了“文化产业”这个术语，用来指“在我们社会中，那些借助文化生产和服务的商业形式，生产和传播各种信息符号的专业产业组织机构”（Garnham，1983）。[3] 尽管这个概念并未从内涵上进行界定，却同样认可了文化产业中的商业化、信息符号等经济特征。

20 世纪 80 年代后期，文化产业从理论争论全面走向实践，成为地方经济发展、就业与社会发展中的重要方面。1986 年，联合国教科文组织将文化产业定义为，以艺术创造表达形式、遗产古迹为基础而引起的各种活动和产出。[4] 而在其后来的官方界定中经常使用的定义为：“文化产业就是按照工业标准，生产、再生产、储存以及分配文化产品和服务的一系列活动。”[5]

20 世纪 90 年代初，美国前总统克林顿也提出了文化产业的概念。紧接着，在 1991 年，英国将创意产业归为文字创造、视觉艺术、舞台美术、音乐、摄影、时装六类。1997 年，为了向民众树立“创新型”政党的形象，英国政府又有意将创意产业和文化产业区别开来。1998 年，英国创意产业特别工作组首次对创意产业进行了界定，认为它是“源自个人创意、技巧及才华，通过知识产权的开发和运用，具有创造财富和就业潜力的行业”。霍金斯在《创意产业经济学》一书中把创意产业定义为：“其产品都在知识产权法的保护范围内的经济部门。”文化经济学家凯夫斯认为：创意产业提供我们宽泛地与文化的、艺术的或仅仅是娱乐的价值相联系的产品和服务。

1997 年，欧盟当时的轮值主席国芬兰在有关文化产业的报告中，把文化产业界定为“基于文化意义内容的生产活动”，除了新闻出版业、广播影视业、音像业、网络业、文学、音乐创作外，还包括一切具有现代文化内容标识的产品和贸易活动，例如摄影、舞蹈、工业与建筑设计、艺术场馆、博物馆、艺术拍卖以及文化演出、教育活动等。[6]

（二）国内

20 世纪 80 年代，法兰克福学派的观点开始在我国传播。20 世纪

90 年代“文化工业”的概念引起学界的热议。学者们在惊叹“文学边缘化”的时候，文化产业的快速发展却将这场争论湮没在产业实践的浪潮中，人们也开始认识到文化产业的积极意义。

1998 年，国家文化部成立文化产业司，标志着我国文化产业“从自发到自觉”的新的历史阶段。2000 年 10 月，中共十五届五中全会通过了《中共中央关于制定国民经济和社会发展第十个五年计划的建议》，第一次正式使用了“文化产业”这个概念，并在两处出现，并提出了“推动信息产业与有关文化产业结合”“完善文化产业政策，加强文化市场建设和管理，推动有关文化产业发展”。

2002 年 11 月，党的十六大报告明确提出了发展文化产业的战略构想。随后的 2004 年，我国提出了“创意中国”的口号，文化产业开始走向加速发展的轨道。这就使文化产业的官方界定和统计体系提上了议程。2004 年 3 月，国家统计局颁发了《文化及相关产业分类》标准，首次对文化产业进行了正式界定。

党的十七届六中全会进一步对文化产业发展做了战略部署。推动文化产业发展，需要不断加强、改进和完善文化及相关产业的统计。在这样的背景下，经中编办批准，2011 年 11 月，国家统计局成立了社会科技和文化产业统计司。这标志着我国文化产业统计工作将掀开新的一页。2012 年 8 月，国家统计局发布了新的《文化及相关产业分类（2012）》。

北京市作为我国文化产业发展的领先地区，使用的是文化创意产业概念，其含义是以创作、创造、创新为根本手段，以文化内容和创意成果为核心价值，以知识产权实现或消费为交易特征，为社会公众提供文化体验的具有内在联系的行业集群。

二、各种命名方式之间的异同

上面分析了文化产业概念的演变及含义变化。实际上，世界各国、地区和国际组织对文化产业的称谓并不一样，除了上面提到的文化产业、创意产业、文化创意产业外，还有内容产业、体验经济、版权产业（美国除了使用创意产业、文化产业外，则开始更多地使用“版权产业”的概念，以强调“版权”对文化产业的关键作用）等名称（见表1）。在这部分，将对这些名词进行梳理和分析。

表1　世界各国（国际组织）的命名方式

文化产业	内容产业	创意产业	版权产业	体验经济
联合国教科文组织、欧盟、法国、韩国等	OECD等	英国、新加坡、香港、澳大利亚、比利时的荷兰社区、爱沙尼亚、立陶宛、瑞典（2002）、罗马尼亚、保加利亚等	世界智力财富组织（WIPO）、美国、丹麦（2006）、芬兰、匈牙利、拉脱维亚（2005）、挪威等	瑞典（2004）、丹麦（2003）等

资料来源：根据各国（国际组织）官方文件或研究报告整理。

（一）对文化产业各称谓内涵的辨析

1. 文化产业（Culture Industry）

作为一个不断拓展演进的概念，文化产业是有着巨大生成力的开放的创新理念，它强调的是文化与经济的双向互融。概括起来，对文化产业的研究可区分为两派：“理论—意识形态文化产业”和“应用文化产业”。前者强调的是商业模式的文化活动操作方式，是指商业原则下不同种类的知识产品的生产。后者指的是那些具有物质性、实体性的产业基础，包括电影制作、录音设施、报纸的高速印刷线，覆盖全球的广播电视台，甚至剧院和舞台表演等大型场所。[7]这两种类别各自独立又相互关联。

2. 创意产业（Creative Industry）

英国是最早提出创意产业概念的国家。截至目前，我国还没有把创意产业纳入正式的统计指标核算体系。我国目前统计指标体系中与“创意产业”概念最为接近的是“文化产业”。创意产业的概念是对狭义文化产业概念的拓展，它是以新经济为基础、以工业规模生产、全球化或地方化为特征的产业。但是，创意产业离不开文化内容，所以其最精炼的概括应该是将传统的文化内容作为中间投入品进行规模化生产的产业。

3. 内容产业（Content Industry）

与文化产业相近的概念还有内容产业，也称为“信息内容服务产业”。实质上是广义文化信息的数字化，是基于新兴数字化信息技术，融合了出版、广播影视、通信网络等多种媒体形态，从事制造、生产和传播有关信息文化内容的综合产业。内容产业的凸现反映了文化产业与信息和通讯产业的产业融合。

尽管创意产业、文化产业和内容产业概念产生的背景和关注的侧重点不同，但三者同属于知识产业，具有明显的交叉和重叠。从广义上看，它们都居于知识产业链的上游。文化产业和内容产业本质上属于知识生产，而创意产业居于知识服务之上，让它以创意对其它产业的融入和渗透为表现形式。文化是这三者的聚焦点。从创意产业与文化产业的关系看，创意产业脱胎于文化产业。当今，创意产业在某些国家已经从不同产业部门中分离出来，成为独立的产业部门。

（二）运用价值链（Value Chain）方法对文化产业各称谓的分析

透视对这些命名方法的比较，可以看出，其包括的行业大同小异，因而必然存在一定的内在联系。在这里，笔者试图通过波特在《竞争优势》一书中提出的价值链方法对其分析。波特指出：企业的每一项生产经营活动都是创造价值的活动，企业的一切互不相同但又互相关联的生产经营活动，形成了创造价值的动态过程，这项动态过程称为价值链。

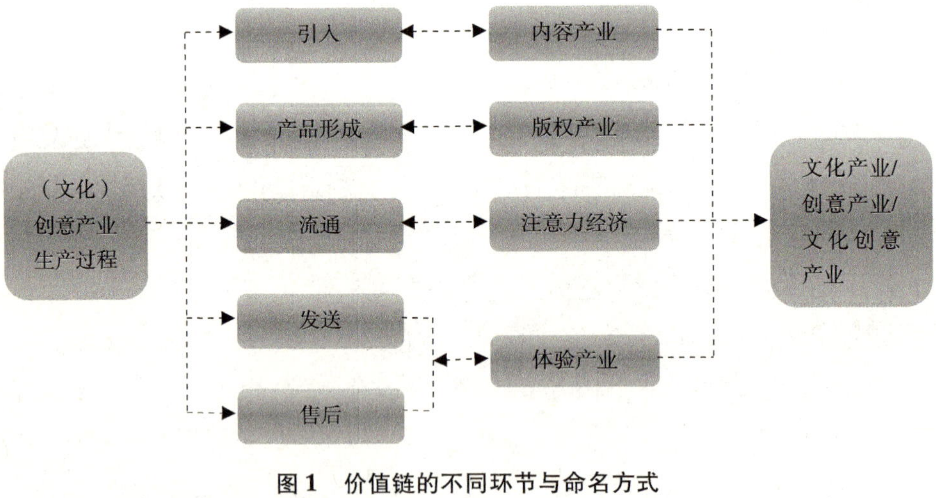

图 1　价值链的不同环节与命名方式

在分析制造业价值链时，波特将整个价值的生产过程分为五个阶段：（1）输入后勤；（2）制造；（3）输出后勤；（4）营销；（5）服务。那么，相应的文化产业的生产也可以划分五个阶段：（1）引入。这是将文化内容引入产品生产的过程，文化内容直接决定了产品的基调。（2）产品形成。这是生产商、编辑、设备供应商等拥有不同技能的人共同创意、并形成产品的过程。（3）流通。这是文化产品流通的过程，其中的参与者主要是代理商、发行人及各种参与促进流通的中间人。（4）发送。这部分是与消费者的直接接触点，主要包括影剧院、电视、书店、博物馆等。（5）售后。包括批评家的角色、消费者评价收集等。

根据对文化产业生产五个阶段的划分，可以看出在不同阶段其侧重点不同。引入阶段，侧重于文化内容的挖掘，是“原料”投入的过程，将这一阶段看作产业核心的人将其命名为内容产业。产品形成过程凝结了众多拥有不同技能人员的创意劳动，因而也形成了产品的版权核心，将这一环节看作产业核心的人将其命名为版权产业。流通是一个产品传播的过程，通过这一过程吸引消费者的注意力和眼球，为下一步的发送做必要准备，所以这一环节可称为注意力经济。最后，发送和售后是将产品交给消费者的过程以及听取反馈的过程，这个过程带给消费者的是一种体验，因而可称作体验产业。同样是由于侧重点的不同，将文化内容看做这个产业核心的人，将其命名为文化产业。将创意过程看做产业核心的人则将其命名为创意产业，而文化创意产业是二者的折中，但在这个价值链的分析框架下，笔者认为这三个词的含义应该是相同的。

三、文化产业的构成条件及分类

（一）根据国家统计局2012年发布的标准，我国文化及相关产业的范围包括：

1. 以文化为核心内容，为直接满足人们的精神需要而进行的创作、制造、传播、展示等文化产品（包括货物和服务）的生产活动；

2. 为实现文化产品生产所必需的辅助生产活动；

3. 作为文化产品实物载体或制作（使用、传播、展示）工具的文化用品的生产活动（包括制造和销售）；

4. 为实现文化产品生产所需专用设备的生产活动（包括制造和销售）。

（二）对文化产业构成条件及类别的新探索

并不是所有与文化产品相关的产业都是文化产业，即使同为文化产业，但不同行业也有较大的区别：

1. 文化产业的价值链中所依托的产品是文化产品。

文化产品主要有两层含义：其一，必须具备文化价值比率标准（条件1）：即文化企业在生产或提供文化产品或服务的过程中，必须借助文化资源，其产品或服务中文化要素价值所占部分至少超过50%。由于文化是一种无形要素，会使得这一衡量标准在实际操作中有一定难度，需要财务会计制度等多项工作的配套。其二，文化产品的使用价值超过物质产品的一般功能性需求，是精神文化产品，与此同时，消费获得的主要是精神文化效用（条件2）。

2. 文化产业中的文化产品必须具备工业生产特征（条件3）。

工业特征的根本表现是规模化和标准化，文化产业中的文化产品和服务也应具备这个特征。

3. 核心的文化产品所包含的内容应当是信息表现形式，即文字、声音、图像等（条件4），其生产和传播所借助的主要手段是媒体信息技术（条件5）。

根据文化产品包含的内容，可将文化产品大致分为三种：一是以“声、图、文”为信息表现形式的文化产品和服务，这种内容可以物化在信息的物理载体（如图书、光盘）中，也可以是通过特定的生产手段直接展现在消费者面前，例如广播电视服务或文化演出服务等。第二种是非“声、图、文”信息表现形式的物质实体（条件6），这种产品主要是通过物质实体的内容和形式来展现文化内涵，例如文化产品的衍生品等。第三种是以非“声、图、文”表现形式存在的、依赖于消费过程的无形文化产品即文化服务（条件7）。

我们将以上特征进行了编码，转化成文化产业的7个构成条件。

但并不是说，只有满足这 7 个构成条件的产业才是文化产业。这些条件并非全是必要条件，不同条件的组合代表了不同类别的文化产业。

当一种活动生产、交换和传播的文化产品：1. 同时满足条件 1~4 时，属于核心文化产业，是“声、图、文”信息形式的产品或服务的产业化生产和流通。而更进一步地，同时满足条件 1~5 时，就归属为传媒产业。从以上分析中可看出，核心文化产业主要包括传媒业和文化演出业。2. 同时满足条件 1~4 和条件 6，或者同时满足条件 1~4 和条件 7 时，就归属于外围文化产业，主要体现为围绕以非“声、图、文”表现形式存在的文化产品或服务进行的一系列工业化生产和销售活动。3. 满足条件 3，并且是生产满足条件 1 和 2 的文化产品所必须的设备和物质生产和销售活动时，就归属为支撑文化产业。严格的说，这类产业活动不是真正的文化产业，却又是核心和外围文化产业离不开的。

（三）不同国家、地区对文化产业的分类

1. 不同国家对文化产业的分类

各个国家、地区及国际组织对文化产业的分类是不同的（见表 2），而且不同时期也有一些变化。例如，英国在 1991 年将创意产业归为文字创造、视觉艺术、舞台美术、音乐、摄影、时装六类，到 1997 年又增至十三类，范围扩大为广告、建筑、美术和古董市场、手工艺、设计、时尚、电影、互动休闲软件、音乐、表演艺术、出版、电脑软件、电视和广播。

表 2　不同国家与地区文化产业最新分类

国家、地区	分类
英国	13 类：广告、建筑、艺术品和古董交易市场、手工艺品、工业与时装设计、电影和录像、互动性娱乐软件、音乐、表演艺术、出版、电脑软件、电脑游戏、广播电视
新西兰	10 类：广告、软件与资讯服务业、出版、广播电视、建筑、设计、时尚设计、音乐与表演艺术、视觉艺术、电影与录像制作
中国香港	11 类：广告、建筑、设计、出版、数码娱乐、电影、古董与艺术品、音乐、表演艺术、软件与资讯服务业、电视与电台

续表

国家、地区	分类
澳大利亚	7类：制造（出版、印刷等）、批发与销售（音乐或书籍销售）、财务资产与商务（建筑、广告及其商务）、公共管理与国防、社区服务、休闲服务、其他产业
新加坡	3类：文化艺术、设计、媒体
韩国	17类：影视、广播、音像、游戏、动画、卡通形象、演出、文物市场、美术、广告、出版印刷、创意性设计、传统工艺品、传统复制、传统食品、多媒体影像软件、网络
芬兰	9类：文学、雕塑、建筑、戏剧、舞蹈、影像、电影、工业设计、媒体
联合国教科文组织	6类：印刷、出版、多媒体、视听产品、影视产品、工艺设计
台湾	13类：视觉艺术、音乐与表演艺术、文化展演设施、工艺、电影、广播电视、出版、广告、设计、品牌时尚设计、建筑设计、创意生活、数字休闲娱乐
美国	4类：核心版权产业、交叉产业、部分版权产业、边缘支撑产业
日本	3类：内容产业、休闲产业、时尚产业

资料来源：转引自刘蔚．文化产业集群的形成机理研究［D］．暨南大学，2007：23.

2. 北京、上海、广东文化产业统计口径分析

表3　北京、上海、广东文化创意产业统计口径比较

	北京市	上海市	广东省
行业分类	文化艺术	艺术业	新闻服务
	新闻出版	媒体业	出版发行和版权服务
	广播、电视、电影	网络信息业	广播、电视、电影服务
	软件、网络及计算机服务	软件与计算机服务业	文化艺术服务
	广告会展	广告及会展服务	网络文化服务
	旅游、休闲娱乐	休闲娱乐服务	文化休闲娱乐服务
	艺术品交易	建筑设计	其他文化服务
	设计服务	工业设计	文化用品设备及相关文化产品生产
	其他辅助服务	文化及创意相关产业	文化用品设备及相关文化产品销售
		咨询服务业	

北京、上海、广东在文化创意产业统计口径上略有不同。北京将

文化创意产业分为九大类，上海分为十大类，广东省分为九大类（见表3）。在行业分类上北京是根据《北京市文化创意产业分类目录》进行统计；上海是根据《上海市文化创意产业分类目录》进行统计；广东是根据国家统计局印发的《文化及相关产业分类》进行统计。从行业大类上比较，上海比北京多出了“咨询服务业”和“工业设计业”；北京比广东多出了“设计服务业”和软件、网络及计算机服务。

参考文献：

[1] 参见林拓等. 世界文化产业发展前沿报告（2003~2004）［M］. 北京. 社会科学文献出版社，2004：138.

[2] 马丁·杰伊：阿多诺，[M]，北京：中国社会科学出版社，1992：184.

[3] “文化产业的解释”，CNKI科技知识元数据库：http：//define. cnki. net/science/WebForms/WebDefines. aspx？searchword = %E6%96%87%E5%8C%96%E4%BA%A7%E4%B8%9A。

[4] 刘巍，宫少军，殷国俊：“文化产业统计考察团赴加拿大考察报告”，2007年12月，http：//www. hlj. stats. gov. cn/shkj/gwhc/6275. htm。

[5] 联合国教科文组织在最新公布的《1994~2003年文化商品和文化服务的国际流动》中，重新定义了文化产业：“对本质上无形并具有文化含量的创意内容进行创作、生产，并使之商业化的产业称为文化产业”。

[6] 胡惠林，单世联. 文化产业学概论［M］. 山西：书海出版社，2006：111.

[7] 厉无畏. 创意产业导论［M］. 北京：学林出版社，2006：7.

（《人民论坛》，2015年7月上，题目“全球视野下的中国文化产业价值链”；《党政干部参考》全文转载2015年第18期）

文化产业发展中的社会效益与经济效益

党的十八届五中全会提出，“统筹推进经济建设、政治建设、文化建设、社会建设、生态文明建设和党的建设”，进一步强调了建设社会主义文化强国的目标。推动社会主义文化大发展大繁荣，一个根本原则就是“要坚持把社会效益放在首位、社会效益和经济效益相统一”，这也是党的十八大报告提出的基本要求。这个原则是针对包括文化事业和文化产业在内的整体文化发展而言的，由于文化产业在我国还是一个比较新的事物，所以，如何准确地把握文化产业发展中的社会效益与经济效益的关系显得尤其重要。

一、正确认识社会主义市场经济条件下文化产品与服务的二重属性

在计划经济体制下，不存在文化市场，文化产品与服务由事业单位提供，也就不存在社会效益与经济效益的关系问题。随着我国经济体制改革的深化和社会主义市场经济体制的逐步完善，深化文化体制改革和发展文化产业被提上重要议程。文化市场应运而生，文化产品与服务的提供者除了公益性文化事业单位，还产生了经营性文化产业。这样，文化市场上的文化产品与服务不仅具有了教育人民、引导社会的意识形态属性，还产生了通过市场交换获取经济利益、实现再生产的重要的产业属性、经济属性，科学把握其二重属性是正确认识文化发展特别是文化产业发展中社会效益与经济效益的基本前提。

应该承认，在社会主义市场经济条件下，文化产品与服务具有商品性的一面。文化产品与服务不仅具有经济价值，包括使用价值和交换价值，并且文化产品与服务的精神价值往往还通过经济价值的实现才得到实现。文化生产所必须的各种物质要素和文化工作者所必须的生活资料，要靠市场配置。在文化市场上，许多文化产品不论其生产单位属何种性质、按什么要求和方向生产，最终往往都要在市场上相互竞争，争夺市场份额，以实现其经济价值。文化产品具有的巨大的

经济价值，是文化产业发展的动力和基础。

但是，文化产品与服务还具有非商品性的一面，这是文化产品和服务具有的不同于物质产品的特殊属性。文化产品具有深刻的社会、文化属性，或意识形态性。它不仅仅对于个人、群体具有经济意义（但不是纯粹的经济行为），而是有着广泛的外部性、社会性，对于整个社会存在具有重要意义。文化产品与服务的社会文化价值是其精神因素对人与社会的生存发展所具有的作用。文化产品和服务的社会文化价值包括认识价值、审美价值、教育价值、伦理价值等，因此，文化生产对于积累创造民族文化、凝聚民族精神、传承历史文化等具有独特功能，担负着培育四有新人、提高全民族的思想道德素质和科学文化素质的重要任务。特别是在社会主义中国，文化产品与服务具有重要的意识形态功能。意识形态工作事关党的前途命运，事关国家长治久安，事关民族凝聚力和向心力，是党的一项极为重要的工作。当前，世界范围内各种思想文化交流交融交锋更加频繁，思想文化领域斗争更加复杂。文化建设要义不容辞地服务于宣传思想工作的根本任务，就是巩固马克思主义在意识形态领域的指导地位，巩固全党全国人民团结奋斗的共同思想基础。

二、文化产业发展中社会效益与经济效益的对立统一关系辨析

文化产品与服务的“两种属性”客观要求我们必须正确认识“两个效益”，即社会效益与经济效益的关系。“要坚持把社会效益放在首位、社会效益和经济效益相统一”作为文化建设与发展的一般性基本原则，在公益性文化事业和经营性文化产业两个领域中要具体分析，有所区别。虽然这两个领域都存在社会效益与经济效益的矛盾关系，但由于它们的性质不同，其矛盾的特点也有很大差异。如果把二者的矛盾关系不加区分的混淆起来，必然会阻碍公益性文化事业与经营性文化企业的健康快速发展。

公益性文化事业主要是满足人民群众的基本文化需求，是以政府为主导，以公共财政为支撑的，公益性、均等性、基本性、便民性等

是其主要属性。因此，它不仅要把社会效益放在第一位来考虑，而且它的基本功能与根本任务是追求社会效益的最大化，经济效益只是处于附属地位。

但经营性文化产业则不一样，它主要是满足人民群众多样化、多层次、多方面的文化需求，是以市场为主导，以大量竞争性企业为支撑的，商品性、竞争性、排他性等是其主要属性。因此，文化产业要在把社会效益放在首位的前提下，努力追求更大的经济效益，这也是其要实现的基本功能。当今时代，文化与经济日益交融，在为经济发展提供强大精神动力的同时，文化的经济功能明显增强，经济的文化含量不断提高，文化在综合国力竞争中的地位和作用越来越突出，文化产业对促进经济增长和经济发展方式转变的贡献越来越大。从实践中看，在加快经济发展方式转变过程中，文化产业具有优结构、扩消费、增就业、促跨越、可持续的独特优势和突出特点。

其实，文化产业涉及的内容与公益性文化事业有很大差别。深层次的社会意识形态、社会主义核心价值观等思想性、教育性强的文化难以形成产业。文化产业涉及的更多的是浅层次的大众消费文化、娱乐休闲文化。因此，文化产业相对公益性文化事业，社会文化价值的功能比较弱，它主要是经济问题。特别是文化产业的不少内容基本属于中性文化，比如印刷复制、文具制造等。它们只需要在遵守国家法律法规的前提下和不侵害社会效益的前提下，追求经济效益最大化。

此外，文化产品与服务的社会文化价值要通过经济价值、通过市场才能很好地实现，从而产生社会效益。在社会主义市场经济条件下，检验经营性文化产业产品和服务“两个效益”相统一的一个重要标准，就是人民群众喜欢不喜欢、是否愿意花钱购买和消费。购买优秀文化产品的人越多，受教育的面就越大，经济效益越好，社会效益也就越广泛。从这个意义上说，没有经济效益，社会效益也是空的。此外，现代社会，人们生活品质的提高的一个标志是休闲娱乐时间的增加。文化产业提供的多样化、个性化的文化产品和服务满足了人们的这方面的精神文化需求。人们身心舒畅，必然有利于社会和谐进步，自然就是一种社会效益。

当然，文化产业也涉及一些社会思想、道德伦理问题，其过度追求经济效益也会在一些方面损害社会效益。在商业利润的驱使下产生的“一切向钱看”，为了媚众，一些丑恶的、有害的东西产生出来，污染了社会空气，毒害人们灵魂，造成人格扭曲，人文精神丧失。如果文化产品不讲社会效益，不符合人民群众健康有益的文化需求，在某些方面管理疏漏的情况下，即使暂时会谋些蝇头小利，但终会被边缘化直至被逐出市场，经济效益也无从谈起。因此，实现社会效益与经济效益相辅相成、相互促进、有机统一，是经营性文化产业可持续发展的重要条件。

总之，不能因为文化产品与服务具有商品的一般属性，就忽视其意识形态的特殊属性；也不能因为文化产品与服务具有意识形态的特殊属性，就排斥其商品的一般属性，而是要把两者统一起来，以便更好地实现“两个效益”，即社会效益与经济效益。

三、正确处理文化产业发展中社会效益与经济效益关系

在科学认识文化产业发展中社会效益与经济效益关系的前提下，需要进一步探讨如何正确处理“两种效益”的关系，确保文化产业始终把社会效益放在首位，努力实现社会效益与经济效益有机统一。

一是要进一步繁荣特殊的文化市场，充分发挥市场机制对文化产业的促进作用。要遵循一般商品市场的规律和特点，大力发展文化艺术、新闻出版、广播、电视、电影、软件、网络及计算机服务、广告会展、艺术品交易、设计服务、旅游、休闲娱乐和其他辅助服务的九大文化产业，不断壮大我国文化产业的总体实力。要培育各类自主经营、自我发展的合格市场主体，这是文化产业的基础。要加快构建和培育统一开放竞争有序的现代文化市场体系，建立门类齐全的文化产品与服务市场和文化要素市场，培育大众性文化消费市场。要积极鼓励广大文化工作者创作更多群众喜闻乐见的精品力作，鼓励国有或国有控股文化企业积极开发市场、占有市场，发挥骨干作用，鼓励非公有制文化企业积极提供多样化的文化产品和服务，提高供给能力，努

力满足不同地域、不同层次、不同群体、不同年龄群众丰富多彩、健康有益的文化需求。

二是完善政府的管理监督机制，促进文化产业健康发展。文化产品和服务的文化社会价值是一种超经济的价值诉求。市场机制主要反映和调节文化产品和服务的经济价值，难以反映和调节其中的文化社会价值。显然，市场机制对于文化产品和服务的文化社会价值调节在很大程度上存在失灵。因此，政府主管部门必须切实担负起文化市场监管的职责，提高文化市场监管能力和水平，确保文化市场繁荣有序。政府的作用主要体现在为各类文化主体发展创造良好的政策环境、法制环境和市场环境等方面。要鼓励经营性文化单位创新体制机制，把面向群众、面向基层、面向农村与面向市场统一起来，认真做好市场调研，准确把握群众需要，在占领市场的过程中更好地服务群众，在服务群众的过程中更多地赢得市场，努力实现社会效益与经济效益的最大化。与此相适应，各级各类评奖机制也要进一步改革，改变一些地方和部门评奖过多过滥和文化产品只面向评委而不面向群众的弊端，把群众喜欢不喜欢、满意不满意、接受不接受、认可不认可作为评价作品的最终标准，在导向正确的前提下，将发行量、演出场次、票房收入和销售额等作为衡量文化产品和服务社会影响的客观指标，使评奖真正成为推动文化产品更好地面向市场、面向群众的重要宏观调控手段，催生更多“既叫好又叫座”的精神文化产品。要加快文化市场立法，运用法律手段主动调控文化产品与服务的生产、流通等各个环节。要完善文化市场管理，加强文化执法力度，加大打击侵害社会效益的文化生产与服务。

三是发挥社会组织的积极作用，加强文化产业的自律。要建立健全党委领导、政府管理、行业自律、企事业单位依法运营的文化管理体制和富有活力的文化产品生产经营体制机制，推进政企分开、政资分开、政事分开、政府与市场中介组织分开，推动形成行为规范、运转协调、公正透明、廉洁高效的管理体制，为各类文化主体创造良好的发展环境。加快成立各级各类文化产业行业协会，充分发挥它们的行业指导、自律、协调、监督等功能，促进文化市场的繁荣发展。特别要利用这些社会组织加强对文化从业者的教育，培养他们的社会责任感，自觉抵制迎合市场、追随流俗的文化庸俗化倾向。

（《前线·文化创意专刊》，2013 年第 10 期）

文艺对社会进步的引领功能

当下，在国家倡导文化大发展大繁荣的社会背景下，人们对大力推进文化艺术的创新与发展热情非常高涨。然而，只有科学全面的深刻认识文化艺术在社会发展进步中的重要作用，才能更加自觉、理性、积极地推动中国文化艺术的发展。

人们通常认为，文化艺术的发展动力一方面来自于艺术家群体自身创作创造的主观能动性，另一方面是人们出于对艺术的商业价值追求。前者实现了艺术家自身个性发展的内在诉求，后者推动了文化产业的发展。

这两种认识都没有错，但还不够。文化艺术不仅仅具有个体性和经济价值，更重要的是其社会价值和意义；文化产品与服务不仅仅是人们的重要消费品，更重要的是在这种消费过程中，它对人们的思维、个性带来怎么样的改变。著名未来学家纳斯比特在《中国大趋势》一书中认为，没有艺术家与知识分子的引领，任何社会都是不会进步的。

西方的兴起肇始于文艺复兴，而一提到文艺复兴，人们自然就会想起米开朗基罗、达芬奇、莎士比亚、丁托列托（Tintoretto）、托尔夸托·塔索（Torquaro Tasso）和古腾堡这些艺术家和知识分子的名字，正是他们引领了当时科学、社会和政治领域思想的变革。

因为艺术反映社会，彰显国家的个性。它更是社会活力和创造力的催化剂。正如一位艺术家所言："艺术可以剔除人们思想中无用、死板的概念，激发新思维。艺术的开放性使得艺术可以进入生活的方方面面，把人们从空洞的理想主义拉回到现实中。艺术可以赋予人们信心。它不会送给你梦想，但却是一种动力、一种生活观。艺术并不说教，它只是唤醒人们。"

中国的发展方针一直强调要建设两个文明，物质文明和精神文明一起抓。改革开放35年后的今天，中国的艺术与学术的活跃程度已经今非昔比。拿北京来说，798艺术区、宋庄都已经成为中国艺术的著名品牌。位于798艺术区的东京画廊是一家有64年历史的画廊，也是首家入驻798的境外一级艺术机构。抱着为文化架桥的使命，东京画廊+BTAP努力发掘年轻有为的中国、日本、韩国等亚洲地区的艺术家。目前所办的展览已超过了35个，包括建筑、雕塑、油画、装置和行为艺术等活动。

细察世界最新发展趋势，我们会对艺术家群体有更新的认识。美国人惊呼，资本时代已经过去，创意时代已经到来。在创意时代，创意、创新将主导我们未来的城市及经济。美国学者理查德·佛罗里达在《创意阶层的崛起》一书中描述了一个新的社会阶层的出现。如果你是一名科学家或工程师，建筑师或设计师，作家、画家或者音乐家，或者你的创意才能在你所从事的商业、教育、健康保健、法律或者其他任何职业中扮演着重要的角色，那么，你就是这个新生社会阶层——“创意阶层”中的一员。作者认为，创意阶层已经形成，这一阶层对我们的工作方式、价值观、乃至日常生活的基本架构正在产生深刻的影响。

中国艺术家们作为创意阶层的主力，其想象力与创造性将为其他领域的创新打下重要基础。中国要实现从中国制造到中国创造的跨越，开发出富有中国特色的产品与设计，提升产品的文化品位和附加值，很大程度上必须依靠不安于现状、有才能和创造精神的艺术家和知识分子。

文化艺术的作用不仅只有上述方面，它对人们心灵的净化是促进社会和谐的重要催化剂。文化艺术活动是美育的重要内容，一般认为，美育是由德国诗人、美学家席勒于1795年在其《美育书简》中提出来的。美育可以提升人们感受、表现、鉴赏、创造美的能力，从而促使人们追求人生的情趣与理想境界。美育也是教育功能发挥作用的重要前提条件，具体讲，美育具有育德、促智、健体的功能等等。我国著名教育家蔡元培先生在20世纪初就说过：“美育者，与智育相辅而行，以图德育之完成者也。”他还在1917年提出美育代宗教的观点。在大力倡导社会主义核心价值观的今天，以艺术为主要内容的美育不可忽视。

中国正值民族复兴的伟大历史时期，也处于社会变革创新的大潮之中。中国崛起不能只是物质的崛起，文化艺术的崛起才是最终崛起的标志；中国的社会变革是全面的变革，文化艺术在其中发挥着重要的引领作用。

《中国文艺家》2015 年第 6 期

大数据技术普及将如何影响艺术

大数据会给艺术品市场带来什么？这让我联想起包豪斯。二十世纪初，格罗佩斯（Walter Gropius）创建的包豪斯（Bauhaus）作为现代设计的发端，开创了工业时代艺术与技术相结合的新纪元，形成了艺术教育与制作教学相结合的新型教育模式，奠定了现代艺术和设计教育的雏形，其中技术性、逻辑性和理性主义发挥了不可磨灭的作用。随着计算机技术的不断发展，人类进入信息社会，大数据应运而生，并成为一种“新型信息资产”，深刻影响着社会生活的各个领域。大数据技术的出现，使得云计算、物联网、移动互联网等领域覆盖到了人类生活的方方面面，数据形态的呈现也围绕着人们多样化的生活形态而发生改变。源源不断的信息原型为复杂性难题提供了多种解决方案。被誉为“大数据先驱”的迈尔·舍恩伯格在《大数据时代》一书中提到了大数据的四个特征，一个是数量大，一个是价值大，一个是速度快，一个是多样性。大数据有三个层次，第一个是数据采集层，以 App、saas 为代表的服务。第二个技术服务层，以七牛云存储为代表的大数据技术服务层，这些包括数据的存储，数据的分析，数据的挖掘等等，第三个是数据应用层，以数据为基础，为将来的移动社交、交通、教育、金融进行服务。大数据对于艺术品市场而言，既存在重大发展机遇，也有一定的挑战。

大数据正在全球开辟一个新的时代，中国的艺术品市场也被带进了这个行列。2015 年 3 月 18 日，胡润艺术榜在北京发布，这已经是胡润研究院连续第八届在国内发布在世中国艺术家排行榜。面对来自全国各地的媒体，胡润依据这份榜单专门就中国艺术品市场多年来的走势及中国艺术家的表现作了深入浅出的论述。上海文化艺术品研究院执行院长孔达达认为，通过艺术品大数据，可以在数据挖掘的基础上，为投资人提供艺术品市场发展的动向，帮助他们找到准确的投资方向。国际著名艺术网站 Artnet 的执行经理托马斯也非常看重艺术大数据未来在中国的发展。

从某种意义上说，大数据不失为一种统计艺术。艺术品行业的大数据主要包括三个方面：用户大数据、内容大数据和渠道大数据。正是在互联网时代，这三种数据能够融合在一起，从而为艺术市场提供支撑和服务。目前，大数据在艺术领域的应用涉及营销、运营、传播、管理、研究等领域，呈现形式如图库、音乐库、影视库、艺术品拍卖、多媒体艺术、展览等。通过对用户的搜索、浏览、点击量可以精准地追踪和获取相关信息，从而引发新的商机，具体表现形式包括热门歌曲播放榜单、推荐榜单、艺术家关注度排名、关注者地理位置、年龄分布、职业分布等内容。

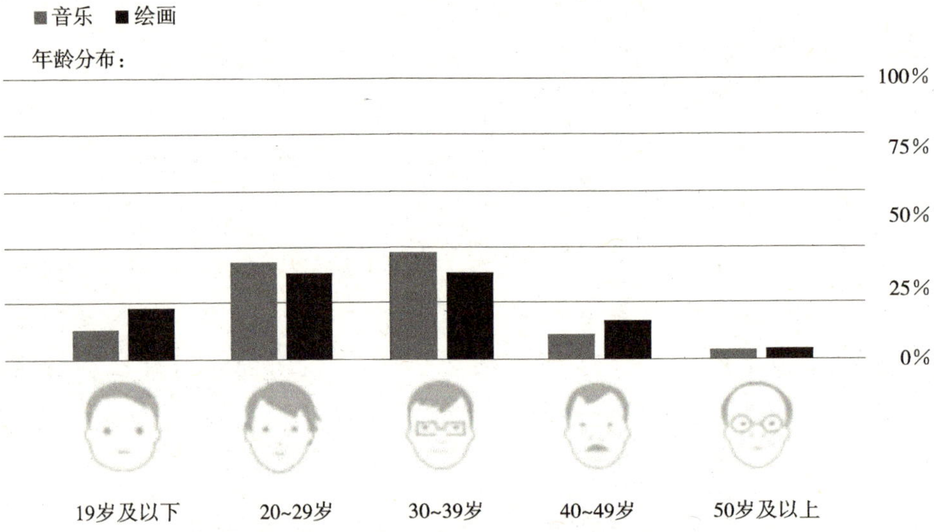

图2　音乐、绘画的关注者年龄分布（2013～2015年）

数据来源：百度指数（http：//index. baidu. com/）

数据化的呈现方式，使得采样更加全面，让样本变成了全本，在某种程度上得到了相对精准的信息，对于趋势预测、艺术研究领域、艺术成果展现提供了一定的量化参照；另外，对于投资者、收藏家来说，也不失为一种直观和具体的决策指引。随着大数据的推广应用，一些文化企业尝试利用大数据来推动艺术产业发展。雅昌集团是中国艺术品数据库第一个吃螃蟹的，在中艺库的运作中还采用了独有的CISDO版权管理机制，并建立了 ArtImage 版权交易服务平台。2013 年 4 月，惠普与雅昌集团就开始全面战略合作，建立了《中国艺术品数据库》。雅昌企业集团副总裁潘剑平介绍，该数据库以作品的“艺术创作与研究—传播与教育—交易—收藏”为主线，通过 IT 科技，推动艺术教育、学术、市场、产业的发展。数据库的图片资源采用先进的数字图像设备 Cruse、非凡的色彩管理标准 ACMS、独有的版权管理机制（CISDO）与版权交易服务平台（Art Image）、先进的输出技术（Giclee +）、以及海量存储技术，在此基础上雅昌推出了艺术家全集、数字出版、拍卖网络预展、艺品、电子图录等一系列产品。雅昌企业集团中国艺术品数据库总经理助理苏晓燕说：“《中国艺术品数据库》是由以艺术品库、艺术家库为核心，还包括拍卖机构、出版机构、文博机构、艺术期刊、艺术品收藏人、艺术图书等相关数据库，到 2012 年底已经存储艺术数据 3000 万条。同时，数据库根据应用的不同会不断增加新的数据。”

发展艺术品大数据，良好的数据是重要保证和基础，“目前艺术品大数据在国际上已经有了较好的口碑。以 Artnet（本文作者注：美国艺术数据公司）为例，他们对于数据的整理较为谨慎，全线的 1300 多万个数据在欧美的各种银行、艺术品机构都得到了广泛的应用，带动了艺术品市场的数据化。”孔达达说，虽然中国艺术品交易规模不断增大，但艺术品数据化的程度与发达国家差距还比较大。国内艺术品数据还存在不少问题：首先，国内的艺术品交易比较分散、数据不完整。一级市场以艺术家和代理人的私下交易为主，几乎所有艺术家都不可能向任何组织或机构汇报其每年的作品销售和收入情况，而代理机构为了逃税更不会对外界透露实情。拍卖企业是二级市场的主体。这些企业的交易比较集中，每次的成交也有据可查。然而，只有部分拍卖企业与编制机构有合作关系。其次，艺术品自身具有异质性，交易很难标准化，数据分析也存在困难。第三，整个行业比较普遍存在卖假和假卖的现象，特别是拍卖成交数据，含有很多水份和泡沫。至于画廊等艺术品代理机构提供的润格，则完全不需要标准和依据，其真实性也大打折扣。此外，数据编制机构本身的商业性质、计算模型的建立方式同样也在影响着数据本身的客观性、公正性和专业性。

大数据是对已知信息和已有素材的规律化呈现，一定范围和一定时间内有助于预测事件发生的态势，大数据技术的出现，势必会影响到艺术发展的轨迹，也将开启艺术领域创作的新时代。这将会是继包豪斯时期之后的又一次“艺术与技术新统一”的变革时期，信息交叉学科的出现则是在教育领域上的一大体现，是对科学、艺术和技术的综合反应。

工业革命时期，大工业生产中出现了“技术与艺术相对峙”的状况，包豪斯的创立则在“艺术”与“工业”之间架起了桥梁，实现了艺术与技术的新统一。当前，大数据技术的发展，开启了物联网、互联网、移动互联网在各行各业的联合运用，销量消费、秒杀消费、口碑消费等带来了所谓的3C产品（Cold、Cheap、Chinese）。同时，同质化现象在我国表现也很明显，卖家市场远远占据了消费者之上，消费者的审美价值观受到了一定的影响和诱导。因此，大数据的出现是一把双刃剑，有积极的作用也有一定消极的影响。我们应该充分利用大数据的积极方面，避免消极方面，实现技术与艺术新的统一。

当然，艺术不是迎合消费者，不是大众行为，但作为一种密集科学是可以被艺术家尝试和利用，创作出引领时代风尚的作品，在艺术与技术之间架起新的桥梁。“尽管艺术的产生具有物质生活所需要的功利的源泉，然而审美的乐趣则具有自身欢乐的理由。”艺术的美学品质和审美价值是其他社会实践活动所比拟不了的。我们相信，大数据的理性与艺术家的感性，在互联网技术飞速发展的当下，必然会出现交集，而且其结果将不亚于包豪斯所带来的深远影响。

《中国文化报》2015年12月19日

巧用产业：让文化遗产活起来

在大力推进文化大发展大繁荣的今天，我国作为历史文化资源大国，如何发挥好文化遗产的作用、从而尽快成为世界文化强国，是一个重大命题。不少人认识到，在发展市场经济的条件下，必须激活中华文化的优秀资源来滋育国民，重建社会秩序。近代以来，由于种种原因，中华传统文化遭到三次重大冲击，一次是新文化运动时期，第二次是“文革”时期，第三次是改革开放时期。中华文化是一种具有现代生命力的文化，她虽然没有“创生”出近代资本主义文明，但是对现代化却有极强的适应力。亚洲四小龙作为中华文化圈的重要成员，其成功很大程度上是得益于中华文化提供的精神动力。

以习近平同志为总书记的新一届中央领导集体十分重视传统文化的当代价值，并多次强调中华文化的现代意义。在中央政治局第十二次集体学习时，习总书记指出：“要系统梳理传统文化资源，让收藏在禁宫里的文物、陈列在广阔大地上的遗产、书写在古籍里的文字都活起来。”国家文物局确定的2014年中国文化遗产日的主题就是“让文化遗产活起来”。文化遗产不仅仅是作为研究对象的历史遗物，而是对当代中国文化构建具有巨大精神价值的宝贵资源；不是远离百姓、没有生命的化石，而是直接关系民生幸福指数的文化大餐。

让文化遗产活起来，首先要充分认识和发掘其深沉的精神底蕴。比如，长城作为世界遗产，是世界一大奇观，也是中华文化的一个重要物资载体，具有丰富的文化内涵和深远的历史意义。最近，习总书记强调，中华民族的血液中没有侵略他人、称霸世界的基因，中国人民不接受“国强必霸”的逻辑。其实，长城作为防御性工程，就是中华文化具有“和”的内在精神和和平基因的最好证明。全世界只有中国有如此壮观的长城，而且从春秋时期，我们的先人就开始修建长城。是什么支撑中国人不停修建这么浩大的工程？是一种追求和平的精神，是一种不与人争的“和”的精神。从历史和传统上看，中国基本是一个战略内向型国家，国家命运的焦点是天下秩序的崩溃与重建。突出的天下情怀与鲜明的道德意识构成了中国战略文化的核心特征。二千年前即有孟子所说的“以力假仁者霸，霸必有大国；以德行仁者王，王不待大——汤以七十里，文王以百里”。和平与发展是当今时代主题，但是世界局势依然存在不稳定因素，认真梳理、大力弘扬以中华文化遗产背后的和平精神，对于中国和平发展、对于世界和谐具有重要意义。

让文化遗产活起来，还要培育整个民族的高度文化敬畏。大家知道，现今的俄罗斯虽然已经沦为二流国家，但是它依然受到西方强国的重视，其中一个重要原因是俄罗斯民族对文化的敬畏。帕斯捷尔纳克是1958年诺贝尔文学奖者，当地政府要在他的庄园附近盖一座大楼，遭到了民众的强烈反对。这是因为当年帕斯捷尔纳克就是在庄园的阳台上看着远山写出了著名的《日瓦戈医生》。当地导游说，如果挡住了远山，我还怎么给人们讲这个故事？其实，要建的这座楼离庄园距离并不近，但是，在民众的反对下，大楼最终没有建成。可以想象，在中国，这种事情恐怕很难发生。文化是民族的血脉，是人民的精神家园。今天的中国，正处于民族复兴的关键时期，但是没有文化的崛起，不是真正的国家崛起。在全球化快速发展的今天，中华传统文化受到了巨大冲击。特别是在文化产业发展过程中，不少有价值的历史文化遗存遭到极大破坏。这些现象都反映了一种社会浮躁心态，是一种对文化的无视或轻视。其实，文化遗产是文化产业的珍贵资源，发展文化产业，不是要大兴土木，而是真正保护好现存的文化遗产。具有五千多年积淀的中华文化源远流长、博大精深，为中华民族发展壮大提供了强大精神力量，为人类文明进步作出了重大贡献。保护好、继承好这份宝贵遗产是整个民族的历史责任。

让文化遗产活起来，还要做好文化产业这篇大文章。很多文化遗产都是发展文化产业的宝贵资源。在有效保护的基础上，要以产业化的方式提高其经济效益。文化遗产主要涉及旅游业，目前旅游业的主要发展方向是如何从传统的门票经济转变为税收经济。这就要考虑两个方面，一是如何尽可能把更多的游客吸引过来，二是如何把更多的游客留下来。吸引游客首先要靠品牌和美誉度。人们外出旅游的一个重要心理是猎奇，是去看独特的东西，而很多文化遗存都具有十分独特的文化价值。目前，我国旅游品牌培育方式还比较简单，很多单纯靠口号式的广告。这种广告有一定作用，但远远不够。文化景区的真正特色是什么，或者说它真正吸引人的地方是什么？要把核心的文化内涵突出出来，进行系统的培育和营销。现在很多景区定位比较低，有的地方弄个山神节、桃花节，自弹自唱、自娱自乐，仅能够吸引当地游客。其实，本地的消费力往往有限。要面向高端群体，培育国际品牌，要立足本地，面向全国、面向世界，打造高端旅游目的地。第二个方面，也是更为重要的是如何把游客留下来。我国文化产业的一个弱点就是小散乱，其实，小打小闹是做不大文化产业的，要把小的文化经济活动集聚起来，根据需求打造产业链，来实现价值增值。比如旅游业由100多个相关行业构成的，要把这些行业整合起来，带动周边经济，如酒店、餐饮、交通、艺术品等形成产业价值链。人们旅游的一大目的是离开熟悉的环境，在一个新奇的地方，即使做熟悉的事情感受也不一样。所以很多著名旅游地都建有完备的购物场所。比如台湾有的酒店门口就是大的商场。新加坡的圣淘沙，就是人造景观，但里面有很大一片名品购物商店。实践证明，链式组群形成文化生态链可以实现价值的轮次提升，迪士尼采用的就是这种方式。它最早是动画制作，销售仅完成成本回收，第二轮是迪士尼乐园每一元门票带动八元的消费，到了第三轮现在是品牌授权和连年经营占盈利的40%。实际上无论是香港迪士尼还是上海迪士尼，中方的投入和股份是不成正比的，但是因为这个品牌太好了，而其品牌的内在力量就是产业链的效应。留下游客的另一个重要方法是活动经济。文化产业是体验经济，而活动经济是发展体验经济的重要模式，也就是人为的创意、设计及组织各种活动（演出、展览、论坛、体育、节庆等），以及通过上述活动带来经济上的收益。在文化旅游方面，台湾九族文化村的活动经济就做的很成功。

《光明日报》2014年8月23日

二、文创大势

我国文化产业发展必须处理好三大关系

在我国经济发展进入新常态的大背景下，文化产业作为正蓬勃发展的新兴产业，凭借独特的产业属性和优势，成为现代经济发展的新亮点。为了促进我国文化产业健康快速发展，从总体上看，必须正确处理好以下三大关系。

一是要处理好社会效益与经济效益的关系

中共十八大报告提出，要坚持把社会效益放在首位，社会效益和经济效益相统一，推动文化事业全面繁荣，文化产业快速发展。这是对文化发展的总体要求，在公益性文化事业和经营性文化产业两个领域中要具体分析，有所区别。

在计划经济体制下，文化产品与服务由事业单位提供，也就不存在社会效益与经济效益的关系问题。随着我国经济体制改革的深化，深化文化体制改革和发展文化产业被提上重要议程。文化市场应运而生，文化产品与服务的提供者除了公益性文化事业单位，还产生了经营性文化产业。这样，文化市场上的文化产品与服务不仅具有了教育人民、引导社会的意识形态属性，还产生了通过市场交换获取经济利益、实现再生产的重要的经济属性。

公益性文化事业主要是为了满足人民群众的基本文化需求，是以政府为主导，以公共财政为支撑的，公益性、均等性、基本性、便民性等是其主要属性。因此，它不仅要把社会效益放在第一位来考虑，而且它的基本功能与根本任务是追求社会效益的最大化，经济效益只是处于附属地位。

但经营性文化产业则不一样，它主要是满足人民群众多样化、多层次、多方面的文化需求，是以市场为主导，以大量竞争性企业为支撑的，商品性、竞争性、排他性等是其主要属性。因此，文化产业要在把社会效益放在首位的前提下，努力追求更大的经济效益。

二是要处理好大企业与中小微型企业发展的关系

从文化产业发展战略上讲，一方面要培育具有较强竞争力的跨行业、跨区域、跨国界的大型文化企业集团，带动整个产业的发展和国际化水平的提升，另外还要积极鼓励中小文化企业发展，做到骨干文化企业要顶天立地，中小文化企业要遍地开花。

目前，前一方面强调的比较多。创意产业不同于传统产业，很多都是灵活、富于创新的中小企业，如独立工作室、时装设计公司、小型文艺公司、数码设计公司、广告公司等，这些企业适合以民营企业的形式存在和发展。从国外经验看，整个文化创意行业的增长主要依靠私营的中小企业。因此，增加政府对民营文化创意企业支持力度，吸引大量民间资本投入文化创意产业，大力发展民营文化创意中小企业，是中国文化创意产业的重要环节。

由于小企业在创业之初往往会遇到很多困难，政府应该采取有效的政策措施，在资金援助、咨询建议、知识产权保护、技能培训、网络服务和场所等方面给予大力扶持。尤其考虑扶持那些有明确商业模式和发展规划前景的中小企业。

三是要处理好“引进来”和“走出去”的关系

“引进来”和“走出去”是加快我国文化产业发展的重要方式。根据研究机构报告，2010 年至 2013 年，中国文化产品出口贸易额逐年攀升，年均增幅达 17.2%。2013 年，中国出口文化产品总额 91.9 亿美元。从最近举办的第五届北京国际电影节来看，共吸引了来自 25 个国家和地区的展商，国际展商超过一半。中国文化企业走出去也迈开了重要步伐。万达集团收购美国 AMC 院线。中国的四达时代集团是目前非洲第二大数字运营商，在非洲 14 个国家开展数字电视运营。

尽管中国文化产品出口在近几年发展较快，但出口规模仍然偏小，仍然存在较大的文化贸易逆差，从全球文化产业发展来看，高新技术、数字内容、自主知识产权的新兴文化产业是发展趋势，而中国目前的文化产品结构相对传统、单一，缺乏自主知识产权、高利润和高附加值的原创文化产品，在全球文化市场中中国所占比重仅为 4%，发展空间有待进一步挖掘。

从文化产业比较发达的北京市来看，文化进口大大超过出口，失衡严重。据海关统计，2011 年北京地区累计进出口文化产品 5. 7 亿美元。其中，出口 1. 7 亿美元；进口 3. 9 亿美元。

文化国际影响力是通过文化的输出来实现的，文化出口水平低大大影响了我国的文化影响力，也与我国丰富的历史文化资源极不相称。文化的输出包括了文化事业和文化产业的输出。为了加强文化产业出口，必须完善文化出口产业相关规划和配套政策；为文化出口产业营造良好的法制环境；制定文化出口产业指导目录；打造文化出口产业的品牌；发挥海外华侨、华人和留学生的作用。

从世界视野看我国文化产业的三大软肋

近日一篇题为《中国为什么出不了乔布斯》的文章格外引人注目，文章写道：中国目前已经成为世界最大的工业制造国，品质一流的 iPhone4 也全部由中国企业代工。但是为什么中国就出不了“乔布斯”？文章映射的问题与中国文化创意产业境况极其相似，中国每年对文化创意产业投入不少，各类文化创意产业园区颇成规模，但为什么就出不了迪斯尼，出不了《阿凡达》？

不可否认，中国文化创意产业取得了不小的成绩。当下，其热度依然不减，这顺应了世界产业发展之新趋势，也因其具有附加值高、发展可持续之特点，可以成为“后危机”时代经济转型的新增长点。但是，对这种热潮也应进行冷思考，进而理性把握中国文化创意产业发展长久之大计。中国文化创意产业不仅鲜有国际品牌和具有国际竞争力的企业，还有不少更不尽如人意之处，比如产出效益很低，创新活力不强，有的面临骑虎难下的尴尬境地，如果不靠政府在地租、房租、贷款等方面的特殊政策，很难为继。其原因是多方面的，但最根本的，也将是严重制约中国文化创意产业长远发展的，是其自身存在的三大软肋。

第一大软肋：中国文化创意产业普遍缺乏核心动力，即创新力或创意力。更为要命的是，人们普遍对这个核心动力没有清醒认识，更没有下大力气采取举措改善这个关键环节。

创意或创新是文化创意产业的核心要素，创意不能得到激活，文化创意产业的发展活力必然受到极大抑制，也就只能停留在传统文化产业的水准，不能实现现代文化创意产业应有的高收益，也无法确立其在整个产业体系应有的地位。

中国与西方发达国家从历史、文化到体制和社会结构等都有差异，其中的一些差异使我国文化创意企业“创新”不够，少有“颠覆性”产品出现。对此，应有清醒认识，并在坚持社会主义核心价值观的前提下，借鉴西方发达国家经验，在各个环节上大力促生社会整体、特别是文化产业层面的创意与创新能力。

首先，正确认识文化创意人才或阶层的特性，以更好地发掘、培养、使用这类人才。文化创意人才按其在产业链或价值链上的分工，可分为创意生产人才、创意生产的引导人才和创意产品的经营人才。与传统的人才不同，文化创意产业人才具有许多独特的特点。(1) 富于创造力：最突出的特征是头脑灵活、异想天开，很少循规蹈矩，所以勇于打破常规，拥有更多的创造力。他们对周围事物充满好奇，自信自主，敢于承担风险；喜欢独立思考，有时显得争强好胜。(2) 价值观独特：他们追求一种工作（Laboring）、学习（Learning）、生活（Living）三位一体的“3L”生存方式。相比创造利润，他们更看重创作过程中的快乐体验；更倾向于自我管理，而排斥传统科层制；更强调独立自我表达和对差异的包容，而非集体一致性；更强调多面，而非专业。(3) 注重软激励。对他们来说，成就激励和精神激励更大于金钱与物质激励。与传统观念中“更多考虑财务”“前往发财机会最多或经济最有保障的地方”不同，文化创意人才更注重自身价值的实现，因此，他们很难满足于一般事务性工作，更热衷于具有挑战性、创造性的任务，并全力追求完美的结果，渴望通过这一过程充分展现个人才智，实现自我价值。(4) 工作与生活休闲化。文化创意人才不是传统意义上的“白领”“金领”，而是“无领”（Non－collar），穿T恤上班意味着他们更看重休闲，而非工作本身。他们总是“在该工作的时间玩耍，却在该休息的时间工作”。带有文化气息的户外休闲活动是文化创意人才极为看重的生活内容，露天音乐会、街舞、大排档等“街头或社区文化”形式更受他们的青睐。只有充分认识他们的特点，尊重他们的生活和思想方式，才能更好地培养创意人才。

其次，学习发达国家经验，大力加强文化创意人才的培养。发达国家都十分重视文化创意人才培养。在美国、英国的很多高校里都开设了文化管理学、艺术管理学等相关专业。现在，英国影视业的66%和多媒体行业的24%的人达到研究生水平，有效提高了这些行业的创新潜能。澳大利亚依托昆士兰大学、南澳洲大学建立了多个文化创意产业园区，从而吸引了一大批文化创意产业人才；加拿大 BC 省动画产业园区中，仅动画电脑学校就达到 12 家；韩国国家级专业文化创意大专院校就达 6 所，有些大学的文化创意产业相关专业达 80 多种。这些专业化的人才培养系统成为培养文化创意产业人才的重要支撑。除正规专业院校的培养外，对文化创意从业人员进行专业培训是另一项重要工作。如德国出版业的各大学与高等专业学院，除正常培养学生外，还每年开办各种培训班。而在德国会展业，除大专院校外，AUMA（德国展览委员会）等行业组织制定了一整套完善的专业人才培训内容，通过业务培训、调查实践、授予资格证书等方式全面提高德国展览工作人员的专业素质。这种正规、严格的人才培训机制为德国会展业储备了丰富的人力资源，使德国会展业始终处于世界最前沿。而英国政府为了解决文化创意产业人才缺乏的问题，于 1999 年就启动了名为“创造性的伙伴关系”的文化项目，由国家文化主管部门和地区文化主管部门共同负责，制订项目方案，通过创意机构（电影院、电视工作室、艺术中心、历史建筑、图书馆、博物馆、网站设计组织等）与学校合作从事一些长期文化项目，为 5~18 岁的学生提供时装设计、电视广播、互联网、舞蹈、电视和戏剧的指导与制作等新技能，从而为创意产业的发展造就了一大批潜在的产业人才。

第三，把保护知识产权提升到战略高度。知识产权是创意产业赖以生存和发展的前提，对知识产权的保护实际上就是对人的创造力的保护。而这些方面，我国也只是刚起步。因此，政府应加快出台相关法规，对文化创意产品（如商标、专利、外观设计、版权、集成电脑的布图设计等）的知识产权进行保护。目前，软件业、音像业等行业的盗版现象还十分严重，若不加以严格控制和完善相关的法规，将会严重削弱创新的积极性。发达国家都把保护知识产权提升到了极高的位置，特别重视对文化创意产品原创性的承认和保护。美国政府是这方面的典范，先后通过了《版权法》《半导体芯片保护法》《跨世纪数字版权法》《电子盗版禁止法》《伪造访问设备和计算机欺骗滥用法》

等一系列法规，形成了全球保护范围最广、规定最为详尽的法律系统。日本近几年针对文化创意产业发展的新形势，也相继制定了一系列的相关法律，如IT基本法、知识产权基本发展联盟。韩国制定并实施了网络游戏产业的政策，修改了关于音像、电子游戏的相关法规。

第四，提高全民的创意水平和享受创意的意识。政府从产业发展角度来推动文化创意产业的同时，也要意识到公民创意生活的重要性。英国政府特别注重培养公民创意生活与创意环境。2000年，英国在《未来十年》中，从教育培训、扶持个人创意及提倡创意生活三方面，研究如何帮助公民发展及享受创意，并采取了一系列的措施。包括：开放更多的博物馆及将所有数据档案数字化等，期望通过教育培训、支持公民的创意发展、提供公民的创意接触的机会，使人们可以享受创意生活，并为产业的发展提供基础。

第二大软肋：没有抓住文化创意产业发展的根本或本质，使许多工作收效不明显。

发展文化创意产业的根本在于培育具有自生能力的文化创意企业，这样的企业拥有一流的文化创意企业家，具有国际或国内知名的文化品牌，形成了成熟的文化商业化模式，具有持续的创新能力，从而形成较强的国际或国内竞争力。只有出现了这样一批文化创意企业，我国的文化创意产业才能算真正发展起来。

首先，只有从发展文化创意产业的根本问题出发，才可以真正弄清楚文化创意产业的基本性质。从“产业”的概念不难确定文化创意产业的性质，但在人们的讨论和实践中，不少人还是容易把文化创意产业与文化事业混淆起来。过去，文化产品和服务主要由政府、事业单位提供，一提到文化，人们还是习惯把它理解为文化事业，在市场经济下，单纯的公共文化已不能满足人们的需要。文化需求必将带动形成一个巨大的产业，这种产业是现代经济增长的重要源泉，成为国家竞争力的重要领域。因此，必须勇于突破旧有观念，树立起文化商品、发展文化产业的强烈意识。除了一部分公益性文化事业采用非市场方式，主要追求社会效益，大多数文化产品和服务将以产业的方式来发展运作，这些产业以市场需求为导向，在遵守国家法律法规前提下，以利润最大化为主要标准。明白了文化创意产业的性质，一方面可以真正树立起文化市场意识，真正按照市场规律大张旗鼓的发展文化产业，另一方面，可以划清它与公共文化的界限，有些文化领域不能采取市场化方式运作的，并不是所有的文化都能做成产业，这些部分只能有政府或公共组织承担。也只有把二者区别开来，才能真正推动文化创意产业的发展。

其次，只有从发展文化创意产业的根本问题出发，才能明确发展文化创意产业的主体，并发挥文化创意企业家的能动作用。从以上对文化创意产业的性质分析知道，它是通过市场来运作的，而企业是市场的微观主体，是创新的主体，也是发展文化创意产业的主体。企业家是企业的代表、核心与灵魂，企业的主体作用主要通过企业家来实现。看起来很好的创意，具有再高艺术价值的作品，如果不能满足市场需求，不能转化为市场产品，从产业的角度讲，都是没有意义和价值的，而不断发现、创造和满足市场需求正是企业家的使命。在谈到发展文化创意产业时，人们经常要讲有什么有利条件，有优势固然是好的，但不是决定因素，关键是要有发挥优势的人，最重要的是文化创意企业家。甚至可以说，有时劣势更能激发企业家的创造力，使他们变劣势为优势。有时人为创造的条件比天然继承的禀赋更重要，文化创意产业更是如此。发展文化创意产业最重要的是要充分发挥企业和企业家的市场开拓能力、创新能力。发展文化创意产业的成败关键就在于企业的主体作用发挥的好坏，在于文化创意企业家的眼光和素质。

最后，只有从发展文化创意产业的根本问题出发，才能明确政府在发展文化创意产业中的功能和角色。政府应明白，企业是发展文化创意产业的主体，政府的作用必须围绕培育文化创意企业展开。我国文化创意产业发展起步晚，基础薄弱，产业回报率不稳定，这就要求政府对文化产业这种幼稚产业予以扶持。但是，政府对文化创意产业的扶持必须把握好度，扶持不是包办，不是插手越多越好，不是给钱越多越好，也不是一直扶持下去，而是有选择的扶持，扶持的真正目的是为了让企业学会自立，学会生存，形成自生能力，否则就是扶不起来的“阿斗”。除了扶持，政府更重要的任务是制定完善法律法规，为文化创意产业发展创造公平竞争、秩序良好的环境。只有形成了适度的竞争环境，优秀企业和企业家才会脱颖而出，才能促进企业形成核心竞争力。政府还要为文化企业发展提供宽松的环境，形成允许失败、允许试验的创业环境。其实，企业生生灭灭是正常的现象，尤其对新兴产业，更是如此。能有少数文化创意企业脱颖而出、发展壮大，就是成功。对于发展文化创意产业，政府不要急于求成，要有比较长期的规划，一个产业的成长需要若干年的时间，政府有选择地建立一些园区或基地，搭建一些平台有时是必要的，但不要认为这是发展文化创意产业根本之途，不要奢望这样做就可以很快形成蓬勃发展的产业。以这样的心态和认识去培育发展文化创意产业才能达到最终目的。

第三大软肋：文化创意产业国有资本过大，国有企业过多，民间资本介入不足，民营文化创意企业力量薄弱。

国有企业相对民营企业，创新能力是较弱，而文化创意产业最需要的是创新能力。所以，国有资本在文化创意产业中比例过大，国有企业占文化创意产业比重过多，不利于文化创意产业的发展。创意产业不同于传统产业，很多都是灵活、富于创新的中小企业，如独立工作室、时装设计公司、小型文艺公司、数码设计公司、广告公司等，这些企业只适合以民营企业的形式存在和发展。从国外经验看，整个文化创意行业的增长主要依靠私营的中小企业。因此，增加政府对民营文化创意企业投资力度，吸引大量民间资本投入文化创意产业，大力发展民营文化创意中小企业，是中国文化创意产业的重要环节。

努力实现文化创意产业投资主体的多样化是各国政府的普遍做法。在美国，政府对文化的直接投入所占的比例正在不断减少，而通过立法鼓励社会团体、企业和个人对文化进行捐赠和投资。目前美国的一些文化活动，私人、企业的投资额已经远远超过了政府的投入。政府对个人和私营企业的支持对文化创意产业发展具有重要推动作用。英国针对私营文化创意企业发展中遇到的缺少资金、研发投入不足、无力开拓海外市场等问题，积极支持那些有创新能力的个人或私营业者，为其提供发展所需的资金，以免埋没了许多创意构思及商机。为创意产业从业者寻求资金是 1997 年创意产业特别小组成立后最重要的工作之一。目前采取的措施有：提供各地可供给创意业者资金的机构联络方式；英国科学、技术及艺术基金会（NESTA）对于具有创新点子的个人，提供发展资金等。

对我国而言，要真正吸引民间资本投资文化创意产业，政府应当在行政审批、企业兼并重组、财税支持、金融服务等方面进一步提供优惠政策并细化操作，同时引入市场竞争机制，使民间资本在进入领域获得均等的机会。

民营文化创意企业多为中小企业，这些中小型企业从创意到理念，从构思到产出往往是由少数几个人甚至是一个人完成的，不需要很多投入，但能对推动文化创意产业的发展起到十分重要的作用。由于小企业在创业之初往往会遇到很多困难，政府应该采取有效的政策措施，在资金援助、咨询建议、知识产权保护、技能培训、网络服务和场所等方面给予大力扶持。尤其考虑扶持那些有明确商业模式和发展规划前景的中小企业。

（《北京日报》，2011 年 10 月 17 日）

把脉文化创意产业

从全国范围看，目前有三分之二的省市区都提出要建立文化大省，几乎所有的省都把发展文化产业列为“十一五”规划的重点。文化创意产业更成为人们研究和议论的一个焦点。但是，应该看到，文化创意产业在我国还处于发展的初始阶段，不少问题还没有完全搞清楚，从实践上看，有些做法也不甚科学。这些都影响了文化创意产业的健康成长。一些地方一哄而上的“动漫园区”“数码园区”“游戏园区”在开张的热潮消退后，问题渐渐暴露出来：产出效益很低，研发活力不强，有的面临骑虎难下的尴尬境地。如果不靠政府在地租、房租、贷款等方面的特殊政策，很难为继。可以说，造成这种局面的原因是多方面的，但症结在于人们没有真正弄清楚发展文化创意产业的核心问题。发展文化创意产业的根本在于培育和发展具有自生能力的文化创意企业。这样的文化创意企业具有国际或国内知名的文化品牌，拥有一流的文化创意企业家，形成成熟的文化商业化模式，具有持续的创新能力，从而形成比较强的国际或国内竞争力。只有形成了这样一批文化创意企业，我国的文化创意产业才能算真正发展起来。只有真正明白了这个道理，才能真正理清发展文化创意产业的思路。

首先，只有从发展文化创意产业的核心问题出发，才可以真正弄清楚文化创意产业的基本性质。从“产业”的概念不难理解文化创意产业的性质，但在人们的讨论和实践中，不少人还是容易把文化创意产业与文化事业混淆起来。过去，文化产品和服务主要由政府、事业单位或国有企业提供，一提到文化，人们习惯把它理解为文化事业，再加上很多文化产品具有比较强的政治思想载体的功能，一时间，许多人对文化的商品特性认识还不深刻。其实，在人们对精神文化需求数量增大、质量要求提高以及选择性、多样性增强的形势下，单纯的文化事业已经不能满足社会需要。文化产品和服务需求必将带动形成一个巨大的产业，这种产业成为现代经济增长的重要源泉，成为国家竞争力的重要领域。因此，必须勇于突破旧有观念，树立起文化商品、发展文化产业的强烈意识。除了一部分公益性文化事业采用非市场方式，主要追求社会效益，大多数文化产品和服务将以产业的方式来发展运作，这些产业以市场需求为导向，以满足人们的休闲娱乐消费为主要目的，以经济效益最大化为主要标准。明白了文化创意产业的性质，一方面可以真正树立起市场意识，大张旗鼓的推动企业参与文化产品的生产；另一方面，可以划清它与文化事业的界限，有些文化领域是不能采取市场化方式运作的，并不是所有的文化都能做成产业，这些部分只能有政府或公共组织承担（当然这种选择和区分主要是企业的事，企业不做的政府就要做）。总之，弄明白文化创意产业的性质，是发展文化创意产业的基本前提。只有这样，才能明确它的发展方向、目标和重点，才能培育造就充满活力、效益良好的文化企业。

其次，只有从发展文化创意产业的核心问题出发，才能明确发展文化创意产业的主体，真正发挥其能动作用。从以上对文化创意产业的性质分析知道，它是通过市场来运作的，而企业是市场的微观主体，是创新的主体，也是发展文化创意产业的主体。企业家是企业的代表、核心与灵魂，企业的主体作用主要通过企业家来实现。看起来很好的创意，具有再高艺术价值的作品，如果不能满足市场需求，不能转化为市场产品，从产业的角度讲，都是没有意义和价值的，而不断发现、创造和满足市场需求正是企业家的使命和任务。在谈到发展文化创意产业时，人们经常要讲有什么有利条件，有优势固然是好的，但不是决定因素，关键是要有发挥优势的人，最重要的是文化创意企业家。湖南就没有什么优势可言，但他们却创造了文化产业发展的非凡成绩。甚至可以说，有时劣势更能激发企业家的创造力，使他们变劣势为优势。有时人为创造的条件比天然继承的禀赋更重要，文化创意产业更是如此。发展文化创意产业最重要的是要充分发挥企业和企业家的市场开拓能力、创新能力。发展文化创意产业的成败关键就在于企业的主体作用发挥的好坏，在于企业家的眼光和素质。

最后，只有从发展文化创意产业的核心问题出发，才能明确政府在发展文化创意产业中的功能和角色。企业是发展文化创意产业的主体，政府的作用要围绕培育文化创意企业来展开。由于文化产业是新兴的朝阳产业，尤其在中国，市场需求很大程度上还是潜在的，有待大力开发。同时，我国文化产业发展起步晚，基础薄弱，成熟度不够，产业回报率不稳定，这就要求政府对文化产业这种幼稚产业予以扶持。同时，政府也要明白，对文化创意产业的扶持必须把握好度，扶持不是包办，不是插手越多越好，不是给钱越多越好，扶持的真正目的是为了让企业学会自立，学会生存，形成自生能力，否则就是扶不起来的“阿斗”。除了扶持，政府还要制定完善相关的法律法规，为文化创意产业发展创造公平竞争、秩序良好的环境。要放宽政策和限制，大力鼓励各种资本投资文化创意产业。只有更多的人投资文化创意产业，才能形成适度的竞争环境，使优秀企业脱颖而出，促进它们形成核心竞争力。政府还要为文化企业发展提供宽松的环境，尽量减少各种阻碍，形成允许失败，允许试验的创业环境。其实，企业生生灭灭是正常的规律，尤其对新兴产业，更是如此。能有少数文化创意企业脱颖而出，发展壮大，就是成功。对于发展文化创意产业，政府不要急于求成，要有比较长期的规划，一个产业的成长需要若干年的时间，有时政府有选择的建立一些园区或基地，搭建一些平台是必要的，但不要认为这是发展文化创意产业根本之途，不要奢望这样做就可以很快形成蓬勃发展的产业。以这样的心态和认识去培育发展文化创意产业才能达到最终目的。

《中国经贸导刊》2007 年第 16 期

互联网文化产业发展的四个新态势

当下，产业界最流行的一个术语恐怕是“互联网 +”，而互联网 + 文化也成为文化产业研究者最重要的课题。互联网作为当下文化传播的新媒介与新平台，突破了时空的限制，颠覆了传统的信息传播模式，塑造了全新的经济结构和文化景象。在这种情势下，传统的文化产业如果不与互联网融合，几乎无法再做下去了。专家们普遍认为，未来几年与互联网相关的文化产业将占 70%，成为最有潜力、比重最大的部分。目前，互联网文化产业作为一种新兴的产业模式，主要有两种形态，一是以文化生产营销为主要业务的新的互联网公司，二是许多老牌的互联网企业或文化企业也大步迈入这一新领域。

互联网文化产业之所以成为中国经济最活跃的板块之一，主要在于其无限的市场价值与增长空间。互联网、特别是移动互联网的技术应用为文化产业的发展创造了巨大的消费潜力。网络的广泛应用深刻改变了大众的生活面貌，互联网已经深入到人们生活的方方面面，中国网民的生活已接近于全面“网络化”。根据中国互联网络信息中心（CNNIC）2015 年 2 月 3 日发布的《第 35 次中国互联网络发展状况统计报告》，截至 2014 年 12 月，我国网民规模达 6.49 亿，全年共计新增网民 3117 万人。互联网普及率为 47.9%，较 2013 年底提升了 2.1 个百分点。手机网民规模达 5.57 亿，较 2013 年增加 5672 万人。网民中使用手机上网的人群占比由 2013 年的 81.0% 提升至 85.8% 。2014 年上半年，中国网民的人均周上网时长达 25.9 小时，相比 2013 年下半年增加了 0.9 小时。

随着互联网的快速发展，中国的互联网文化企业可以大有作为，信息获取、商务交易、社交沟通、娱乐教育、金融产品、移动金融、移动医疗等业务都是互联网文化企业可以涉足并进行创新的，事实上，互联网文化企业也的确已经形成了自己较为成熟的业务范围，并且具有了基本的市场规模，如何拓展自己的发展空间、提高自己的盈利水平是互联网文化企业面临的主要问题。要通过互联网的技术手段开发、传播、销售人们所需要的文化产品，并且在生产传统的文化产品的同时，进一步拓展文化产品的范畴，同时把互联网本身打造成一种文化产品，以更符合人的文化审美的形式推广互联网应用，从而实现互联网与文化的双向互动，达到二者相得益彰的市场效果。

在互联网文化产业快速发展的大背景下，互联网文化企业也处于不断变动之中，展现出了许多值得我们关注的新动态，这些动态能够充分反映互联网文化企业的关注焦点，也反映出互联网文化企业的发展方向。

一、移动互联网的兴盛

20 世纪 90 年代开始，业界和学界陆续开展有关移动互联网的研究与讨论。美国著名媒介理论家保罗·莱文森（Paul Levinson）曾专门考察了手机作为一种新媒体的革命性意义，认为“手机使互联网络及其所包含的一切媒介都移动起来了。于是凡用手机的人都随身携带着一个流动的家园。一个有着心灵感应和瞬间交流、无处不能交流的社会随之应运而生”。

根据 TalkingData 发布的《2014 移动互联网数据报告》显示，2014 年，我国移动产业发展迅猛，移动智能终端设备数已达 10.6 亿，较 2013 年增长 231.7%。从用户性别层面来看，女性用户持续增长，占比 42.2%，渐成主流；从用户年龄层面来看，80 后用户占比 38.3%，成为主导力量。2014 年中国移动互联网市场规模达到 2134.8 亿元人民币，同比增长 115.5%，同时未来依旧会保持高速增长，预计到 2018 年整体移动互联网市场规模将突破 1 万亿大关。

4G 网络技术的迅速发展和普及以及智能终端的兴起所带来的巨大的市场，吸引了传统互联网公司、移动终端厂商、通信运营商等众多企业蜂拥而至，也催生了许多新兴移动互联网公司。这些企业一方面面临着机遇，另一方面也面临着竞争、产业格局的变化，在这场没有硝烟的恶战中脱颖而出是每个企业努力追求的目标。

中国移动互联网的快速发展也使得互联网文化企业在移动互联网

领域取得了显著成就。当前移动互联网已经改变了诸如交通、餐饮、服装、旅游、支付等领域。例如 LBS 与打车服务的结合促使打车类应用急速增长，目前已有近百款打车软件，其中嘀嘀打车用户已突破 4000 万，仅 2014 年 1 月 10 日至 2 月 9 日订单总数就超过 2100 万；线上与线下服务的结合促使餐饮、服装等行业进一步发展，大众点评、阿里、腾讯等企业相继进军 O2O 领域。O2O 将互联网与线下实体店对接，实现互联网落地，提升用户体验，O2O 的商业模式将持续不断的改变用户的消费习惯。社交与移动支付的结合更颠覆了人们对于移动互联网的认知，微信红包在短短两天时间里吸引 500 万用户，红包发放总量超过 2000 万个，移动社交支付亦成为互联网金融的新战场。[①]

移动电商企业也伴随移动互联网而发展壮大，根据易观的报告数据显示，2014 年中国移动购物用户规模突破 3 亿，增长速度超过 35%，高于 PC 购物用户 25% 的增长速度。移动购物的交易规模接近 10 万亿，增长率达到 270%。2015 年移动购物在整个网上零售中所占的比例将达 40%。2014 年，在移动端上，阿里巴巴在“双十一”和“双十二”都取得了不错的成绩，移动端的占比分别为 42.6% 和 45.8%，淘宝 APP、天猫 APP 和支付宝钱包是阿里巴巴在无线客户端的竞争砝码。作为阿里巴巴的主要竞争对手，腾讯与京东实现了“联姻”，京东再启拍拍网，欲重新打造去中心化和中心化结合的移动电商平台。与淘宝、天猫的 APP 不同，与腾讯“联姻”后的京东依靠微信和手 Q 的两大入口走“社交 + 电商”的新思路。根据最新京东和易观发布的《2014 年微信购物发展白皮书》，京东的发展潜力是十分巨大的，通过购物入口的导流，京东服务号的粉丝数已达到 670 多万，并且新用户还在不断增长，不管是年轻人的比例还是高收入人群用户，微信购物的入口愈来愈发挥出它的价值。这对阿里巴巴构成了一定程度的挑战，但是阿里巴巴在移动电商领域凭借空前的大数据仍然保有绝对的主导地位，再加上上市之后的阿里巴巴在农村电商、跨境电商、

① 参见《移动互联网白皮书（2014）》.

物流等全方位布局生态圈，短时期内阿里巴巴的霸主地位是难以被动摇的。

二、众筹模式的推广

众筹，也可以称为大众集资、众募或者众融。可以被看成是众包（crowdsourcing）和无抵押的小额捐助等微型金融的结合。所谓众包是指企业在生产或销售产品时将某一具体任务通过网络以公开的方式外包给大众。众包可以采用合作的形式，也可以由单人完成，但其前提条件是公开的方式以及大量的网络潜在劳动力。[①] 众筹的兴起源于美国网站 Kickstarter。Kickstarter 创立于 2009 年 4 月 28 日，创始人是 Perry Chen，Yancey Strickler 和 Charles Adler。Kickstarter 通过互联网平台面对公众集资，致力于支持和鼓励创新性，创造性和创意性的创业项目。通过这个平台，Kickstarter 已经成功资助了从电影、音乐、漫画，新闻、视频游戏，到食品的众多领域。

众筹是一种网络商业模式，基本模式是由项目发起人在中介网站上展示项目，而投资人则透过中介网站根据相关信息，选择投资项目，为某一项目或某一创意提供资金支持。如果众筹成功，项目发起人则要实施项目，之后再透过众筹平台将结果反馈投资者。如众筹失败，则众筹平台需将已经投资此项目的投资者的投资返还。

众筹模式与电影产业的合作取得了良好的记录，根据《中国文化产业发展报告（2014）》中数据，动画电影《大鱼海棠》通过众筹融资近 160 万元，动漫电影《十万个冷笑话》募资超过 137 万元，《快乐男声》主题电影在 20 天内成功在众筹网上筹得 501 万元，创中国电影众筹融资金额纪录。依靠百度大数据支持、对接电影《黄金时代》票房及消费权益的“百发有戏”之《黄金时代》总票房预计将达到 2.0 亿～2.3 亿元，但实际情况却不容乐观，众多明星站台、国庆黄金档期做后盾的《黄金时代》首日票房仅 1060 万元，上映 10 天票房收入也仅为 4310 万元，最终票房仅 5000 万左右，与最

---

① Belleflamme P，Lambert T，Schwienbacher A. Crowdfunding：An Industrial Organization Perspective［J］. Business，2010.

初预测的票房收入相差甚远，而阿里巴巴旗下“娱乐宝”投资的电影《魁拔Ⅲ》表现同样不及预期。就现阶段的众筹模式的推广而言，对于电影行业，众筹带来最大的效应还主要集中于宣传效应。但众筹模式作为一种新型的互联网商业模式对互联网文化企业的未来发展提供了新的方向。

三、“微市场”的崛起

碎片化时代催生了微市场的兴起，微市场包括微电影、微博、微信、微游戏等将取得更大突破。微博主要收入以广告和游戏为主。2012年，Q2新浪微博宣布取得广告营收为标志，商业化成果显现。在网络上的微电影与广告的融合也将成为一种新势力。例如，由慕思寝具出品的首部网络贺岁微电影《床上关系》在京上映，体现出渗透型的新广告传播形态。

与传统的移动电商不同，“微店”作为一种新兴的移动电商模式从产生之初就引起了人们广泛关注，成为很多互联网文化企业的选择。微店网由深圳市云商微店网络技术有限公司运营，是全球第一个云销售电子商务平台，供货商通过平台提供商品，而用户可以作为经销商在微信平台上销售，赚取佣金。微店让人们开网店无需库存，无需发货，不用处理物流，只需通过社交圈进行推广，即可从网络销售中获得佣金收入，是一种高效的网络分销模式，供应商负责发货，微店主负责推广。对于商家而言，微店的模式减轻了他们的推广负担，可以更加专注于产品的研发。对于网民来说，开微店无需资金成本、无需寻找货源、不用自己处理物流和售后。“微店”这种模式就是利用了互联网的“云技术”，为许多小微型互联网文化企业的销售推广提供了解决思路。

除此之外，还有一股力量不可小觑，那就是依托微信成长起来的微信第三方服务商。据不完全统计，微信第三方平台已达到2000多家。随着大量小微企业和传统零售企业入驻微信公众平台，微商很有可能成为移动电商最大的卖场，微信也很有可能成为电商的主力战场。

无论是“微店”还是微信电商事实上都是互联网文化产业的范

畴，它们都以社交为入口进行产品营销，并依托于特定群体的消费习惯、选择文化等，这种营销方式也可以被称为微营销。微营销是以营销战略转型为基础，通过企业营销策划、品牌策划、运营策划、销售方法与策略，注重每一个细节的实现。通过传统方式与互联网思维实现营销新突破。微营销是传统营销与现代网络营销的结合体。互联网文化企业需要结合自身的目标客户群，从细处入手深入挖掘客户的需求，生产销售满足客户需要的产品，如此才能在激烈的电商竞争中保有自己的竞争优势，占有稳定的市场地位。

四、知识产权的凸显

互联网时代使人类社会从来没有像今天这样充分享受“表达的自由”，只需要一部手机，你便可以拥有一切。然而，这一切来得太快，快得像“朋友圈”的转发速度，以至于人们还没有反应过来，该如何处理互联网时代相继爆发的知识产权麻烦。比如，微信上由抄袭问题引起的“道歉潮”；《逻辑思维》因“盗版”原创者的稿件而道歉；《中国企业家》杂志未按规定使用《财新》稿件而道歉。更有甚者还起诉到了法院，2014 年 6 月广东省中山市第一法院开庭审理了一起涉微信公众号知识产权侵权案：中山商房网科技公司诉称，中山暴风科技公司的微信公众号擅自转载其作品，侵犯著作权，要求对方赔礼道歉并赔偿 1 元。最终，广东中山第一法院判决原告胜诉。与此同时，深圳花边阅读传媒有限公司、北京优势零壹广告有限公司作为原告，起诉南京骉马文化传媒有限公司旗下的公众号“文字撰稿人”和深圳市酿名斋咨询有限公司旗下的公众号“酿名斋”在没有告知的情况下，分别对《谈恋爱好难，我都不想干了》《我执着，因为你值得》《谁将成为第五座直辖市》等文章进行公然抄袭。除了删除稿件、公开道歉，原告方分别提出了一万元和两千元的经济赔偿。

以上情况充分说明了知识产权对互联文化企业的重要性越来越凸显。2014 年 10 月，国家知识产权局发布了《关于知识产权支持小微企业发展的若干意见》，《意见》加大小微企业专利申请的资助力度，鼓励小微企业以质押融资、许可转让、出资入股等方式拓展知识产权价值实现渠道，这些都再一次强化了知识产权对于互联网文化企业的重要性。当然仅仅拥有知识产权是不足够的，还要有效地开发自己的知识产权，有效开发知识产权的方式就是形成以知识产权为核心的全产业链。互联网文化企业所拥有的各种知识产权都不是孤立的，而是可以互相沟通的，网络文学可以制作成视频，也可以成为手机游戏的故事背景，而手机游戏的线索也可以被拓展为文学故事，或者拍成网络剧集。事实上，网络文学作为IP源头之一，在资本市场中越来越受到受关注，近来，游戏与影视剧公司争抢网络小说IP，版权价飙升。优质IP非常紧缺，在市场上供不应求。在网络文学领域，腾讯已经收购了盛大文学，百度也开辟了“百度文学”的业务，网络文学成为了互联网的热门业务，之所以网络文学得到了互联网企业的如此钟爱，这是因为网络文学是一种原创的文化内容，原创的内容就意味着核心竞争力，这些原创内容可以延伸到游戏，视频等各种各样的领域。在网络文学这一产业链条上，网络文学作为上游，通过授权的方式，可以根据文学内容推出游戏、动漫、影视等一系列衍生产品。截至2014年6月，我国网络文学用户规模为2.89亿，较2013年底增长1498万人，半年增长率为5.5%。网民网络文学使用率为45.8%，较2013年底增长了1.4个百分点。[①] 巨大的网络文学市场也意味着巨大的消费潜力，以网络文学为核心的全产业链条带来了巨大的价值。

（《中国国情国力》2015年7期；《党政干部参考》2015年第18期全文转载）

① 数据来自《第34次中国互联网络发展状况统计报告》.

加快培养我国文化创意人才队伍

党的十八大报告提出，要推动文化产业快速发展，到2020年文化产业成为国民经济支柱性产业。加快发展文化产业，一个重要方面就是要大力培养文化产业人才。2014年1月22日，国务院总理李克强主持召开国务院常务会议，部署了推进文化创意和设计服务与相关产业融合发展，确定了相关政策措施。其中之一是实施文化创意和设计服务人才扶持计划，支持学历教育与职业培训并举、创意设计与经营管理结合的人才培养新模式，让更多人才脱颖而出。当前，我国文化创意产业人才缺口仍然较大，仅从广告业来看，根据对北京、上海、广州三地的调查发现，广告公司对创意人才的需求缺口已达到70%以上。文化创意人才是发展文化创意产业的核心资源，从某种意义上说，文化产业的竞争就是文化产业人才的竞争。我们应按照《中共中央关于深化文化体制改革　推动社会主义大发展大繁荣若干重大问题的决定》关于“建设宏大文化人才队伍”的要求，大力培养文化产业人才，为我国文化产业发展提供有力人才支撑。

一、我国文化创意人才与市场发展不相适应

计划经济时期，我国只有文化事业，而不讲文化产业，不缺文化人，但缺乏文化产业人。今天，文化产业的快速发展，使人才成为突出问题。

一是文化创意人才短缺，无法满足文化创意产业发展需求。中国的文化创意人才是非常紧缺的。以北京为例，文化创意产业从业人员在总的就业人口中所占的比例不过千分之一，相比之下，在纽约，文化创意产业的从业人员占该城市全部工作人口总数的12%；在伦敦占14%；而在东京，这一比例更高达15%。浙江省宁波市发布2009年人才紧缺指数体系，对30多个行业人才紧缺指数进行了分类统计，显示文化创意及体育行业取代2008年科技行业，成为人才最紧缺行业。

2012年3月19日上海社科院发布了“浦东新区人才紧缺指数报告”。报告指出，在调查的22个子行业中，新兴航运服务业、贸易与展览业、广播影视等三个行业是“人才重度紧缺”的子行业。

二是文化创意人才结构不合理，制约文化创意产业的发展。我国文化创意产业不仅人才的储备不够，而且结构也不尽合理，尤其是缺少一批顶尖的领军人物式的创意人才和新兴行业的专业人才。在文化产业领域的许多新兴行业，如网络游戏业、动漫制作业、版权业、广告创意会展业等，专业人才十分缺乏。我国动漫产业从业人数只有1万多人，是韩国的三分之一，远远落后日本和美国等发达国家。而目前我国的影视动漫、游戏动漫、数字媒体的人才需求量在10万到15万，而现在拥有的动漫人才还不及这一缺口的十分之一。从版权业看，我国500多家出版社、200多家电子音像出版社、9000多家杂志社、2000多家报社、数百万网站和其他版权相关产业，目前的版权代理机构仅区区28家，根本无法构成文化产业链中的一环。

三是文化创意人才专业化程度不高，影响文化创意产业发展水平。根据中国海洋大学教授、文学与新闻传播学院院长薛永武教授的最新调查统计，文化创意产业的从业人员近八成年龄在20~25岁之间，七成从业人员的从业年限在三年以下，七成从业人员的学历在大学本科以下，从业者大多缺乏创意经验和创意能力。比如说我们文化产业的核心领域，传媒业，现在从业人数60多万，据估计，真正懂传媒经营管理的人才，还不足1%。

二、我国的文化创意人才培养存在的主要问题

目前，我国还没有建立起与文化市场发展相适应的文化创意人才培养体系，主要存在三个方面突出问题。

一是文化创意产业的学科归属不明确，学科构架没有解决。文化产业作为新兴的交叉学科，全国有近100所高校设置了本科专业，中国传媒大学增设了独立二级学科“文化产业”，山东大学设置了文化产业管理硕士点、中南大学设置了文化产业管理博士点方向。另外，云南大学在民族学一级学科博士点下自主设置了民族文化产业

二级学科博士点等。但总体上看，文化创意产业人才培养还受制于学科归属不清晰的严重影响，带来很多问题。人才培养比较分散，美术、新闻传媒、广告、市场营销、影视艺术等专业都在培养文化创意人才。文化创意产业的学科属性不明确，就无法解决目前培养目标模糊、课题设置不合理、教育形式单一、教育体系单薄、教育层次不明、教育效果评估体系缺失等问题。

二是文化创意人才培养和市场需求脱节，教学方式不符合文化创意人才特点。尽管很多学校都设立文化产业的相关专业，招生量也不小，但是并没有很好地去研究文化产业的人才市场，很多是受经济利益驱动来招生的。文化产业跟艺术相关的学生比一般学生收费要高很多，很多学校并没有真正根据自己学校的实力和特色招生，最后培养出来的学生，有一批意味着失业，有很多学生毕业之后并没有真正在文化产业领域里面就业。在教学环节，存在重理论轻实践、重知识积累轻动手操作的倾向，学生对文化产业理论知识学得多，但在实践中则缺乏应用能力。特别是以知识灌输为特点的传统教育理念严重扼杀人的创意天性。传统的填鸭式教育的最大弊端在于学生知识的获得是以牺牲其学习兴趣和创造力为代价的；“圈养”式的教学方法忽视甚至抹杀个体的差异性和个性，而创意就是个性化表现，追求标新立异、卓尔不群。在师资方面，文化创意学科的师资力量和教学设备还不能满足文化创意人才培养的要求。目前我国培养文化创意人才的师资力量还比较薄弱，既有理论高度、又有实践经历的教师很少。以动画专业为例，许多教师并不具有动画策划、制作工作经历。与之形成对比的是，在美国担任动画专业授课老师的，往往是在好莱坞摸爬滚打几十年的动画精英。除了师资方面的问题之外，与文化创意产业有关的设备非常昂贵，而且更新极快，多数学校没有能力承担。也有一些学校尝试与企业合作，用企业的设备培养学生，但结果不尽如人意。

三是社会总体文化创意教育环境缺失。对比欧美、日本等发达国家，可以发现越是文化创意产业非常集中、非常发达的地方，博物馆、艺术展会就越是发达，民间自发的文化活动也越活跃。英国政府特别注重培养公民创意生活与创意环境。2000 年，英国在《未来十年》中，从教育培训、扶持个人创意及提倡创意生活三方面，研究如何帮助公民发展及享受创意；并采取了一系列的措施，包括：开放更多的博物馆及将所有数据档案数字化等，期望通过教育培训、支持公民的创意发展、提供公民的创意接触的机会，使人们可以享受创意生活，并为产业的发展提供基础。台湾地区近年来在培育社区文化、原住民文化方面下了很大的功夫，让文化创意扎根在整个社会环境当中，成为公民生活方式的一部分。他们也将原来埋藏在民间的文化因子，很好地聚集、保护、提升，做一种潜移默化的、温和的推广，很多小孩从小就去接触这种身边的生动文化。反观我们，只是重视知识的教育、填鸭式的教学，而社会整体创意教育环境缺失，导致了原创源头的消失。

三、新时期文化创意产业发展急需的几类人才

根据不同的标准，文化创意人才有不同的分类。按其在产业链或价值链上的分工，可分为文化创意生产人才、文化创意生产的引导人才和文化创意产品的经营人才。也有人将文化创意产业人才分为以下几种：内容创意人才、将内容产业化和市场化的人才、策划和经营类人才、将文化创意产业链贯穿起来的人才。

新时期要提升我国文化创意产业竞争力，必须加快培养引进以下关键人才：

一是高端原创人才。文化产业是内容产业，没有原创性的文化精品，文化创意产业就没有根基。根据一项调查显示，我国 78% 的文化创意产业从业人员属于复制型或模仿型，这种人才结构只能导致原创产品很少，企业核心竞争力不足，制约着文化创意产业发展。

二是复合型人才。文化创意产业是文化 - 经济 - 技术的复合型产业，其从业者也具有复合型特征。研究表明，从事于诸如广告、建筑、交互休闲软件、音乐、电视和电影等创造性产业职位的人们，都是受过多重教育的复合型的高端人才。因此，受过三级以上复合教育，如文化艺术的创作与理论教育，网络设计或相关专业技术教育与训练，

工商管理或金融经贸教育与实践，这样的人才是新时期文化创意产业发展最稀缺的人才。

三是研究型人才。由于文化产业管理专业是一个比较新的专业，大部分老师是从别的相关专业转过来的，缺乏相应的专业知识背景，知识结构并不合理，因此，加大师资引进力度，改善师资队伍的学历结构，迅速提高文化管理专业的教学科研水平已经十分紧迫。要树立教师即研究者的理念，以产教研一体化的模式加快师资队伍建设。

四、国外的培养文化创意人才的经验借鉴

发达国家都十分重视文化创意人才培养。在美国、英国的很多高校里都开设了文化管理学、艺术管理学等相关专业。现在，英国影视业的66%和多媒体行业的24%的人达到研究生水平，有效提高了这些行业的创新潜能。澳大利亚依托昆士兰大学、南澳洲大学建立了多个文化创意产业园区，从而吸引了一大批文化创意产业人才；加拿大BC省动画产业园区中，仅动画电脑学校就达到12家；这些专业化的人才培养系统成为培养文化创意产业人才的重要支撑。在创意人才队伍建设方面，2000年到2005年，韩国共投入2000多亿韩元，大力培养文化产业复合型人才，重点抓住电影、卡通、游戏、广播、影像等产业高级人才的培养。韩国文化振兴院还建立文化产业专门人才库和“文化产业人才培养委员会”，负责文化产业人才培养计划的制订、协调等，同时设立“教育机构认证委员会”，对文化产业教育机构实行认证制，对优秀者给予奖励和提供资金支持。韩国国家级专业文化创意大专院校就达6所，有些大学的文化创意产业相关专业达80多种。通过设立高等院校相关专业、加强职业培训等方式，充分发挥高等学校在培养文化产业人才方面的作用。此外，韩国政府还加强文化产业人才的国际交流与合作，由国家提供补贴，选派人员出国研修，从而培养出具有世界水准的文化产业专门人才。

在文化创意人才培养理念上，发达国家以学生为中心，注重实践能力，面向市场需求。例如德国的“会展教育”，采取与组展商合作的人才培养模式，学生来自于会展公司，经过在校的培训和学习后再

回到公司上班；采取案例分析的互动式授课方式，德国瑞文斯堡大学的会展管理系学生，学期为三年，一般上三个月课，实习三个月，学生们反复的从理论到实践，从实践又到理论，理论联系实践，这样使得学生的理论知识在实践中得到了巩固，学生在实践中的经验使得理论又得到了提升。

除正规专业院校的培养外，对文化创意从业人员进行专业培训是另一项重要工作。如德国出版业的各大学与高等专业学院，除正常培养学生外，还每年开办各种培训班。而在德国会展业，除大专院校外，AUMA（德国展览委员会）等行业组织制定了一整套完善的专业人才培训内容，通过业务培训、调查实践、授予资格证书等方式全面提高德国展览工作人员的专业素质。这种正规、严格的人才培训机制为德国会展业储备了丰富的人力资源，使德国会展业始终处于世界发展的最前沿。而英国政府为了解决文化创意产业人才缺乏的问题，于1999年就启动了名为“创造性的伙伴关系”的文化项目，由国家文化主管部门和地区文化主管部门共同负责，制订项目方案，通过创意机构（电影院、电视工作室、艺术中心、历史建筑、图书馆、博物馆、网站设计组织等）与学校合作从事一些长期文化项目，为5～18岁的学生提供时装设计、电视广播、互联网、舞蹈、电视和戏剧的指导与制作等新技能，从而为创意产业的发展造就了一大批潜在的产业人才。

五、加快培养我国文化创意人才的几点建议

第一，制定我国文化产业人才培养的科学规划。建设一支德才兼备、锐意创新、结构合理、规模宏大的文化产业人才队伍，并使文化产业人才与市场需求相适应，需要发挥政府的引导作用，制定我国文化产业人才培养的科学规划。政府有关部门应按照党的十七届六中全会和十八大关于加快发展文化产业的要求，制定与我国文化产业发展战略目标相适应、远中近期培养相协调、各层次人才培养相结合的培养规划。尤其应通过制定规划，抓紧培养善于开拓文化新领域的创新人才、掌握现代技术的专门人才、懂经营善管理的复合型人才、适应文化走出去需要的国际化人才。

第二，形成产学研相结合的培养模式。党的十七届六中全会《决定》提出“鼓励和扶持高等学校和中等职业学校优化专业结构，与文化企事业单位共建培养基地”，这为解决我国文化产业人才培养中存在的重理论轻实践问题、形成产学研合作的培养机制指明了方向。要将学校教育与市场需求有机统一起来，充分依托学校之外的企业和研究机构的教育资源，加快复合型和应用性人才的培养。浙江传媒学院在产学研合作教学的尝试值得借鉴，近年来该校坚持联手行业、产学合作的人才培养模式，建立了推进产学研合作的教育联络机制、工作机制和共享机制三大机制和师资共享平台、项目研发平台等六大平台，有效地整合学校和传媒行业各自的资源优势，确保产学一体化人才培养模式的实施。

第三，注重文化创意，人才创意或创新能力的培养。文化产品与其他产品的生产有许多共同之处，但也有自身的特殊性。创意或创新是文化创意产业的核心要素，文化产品生产的核心资源不在仓库里，而在人的大脑里，需要人的才智、情感、想象力等在一定环境下集中释放，实现“无中生有”的产业效应。创意不能得到激活，文化创意产业的发展活力必然受到极大抑制，也就只能停留在传统文化产业的水准，不能实现现代文化创意产业应有的高收益，也无法确立其在整个产业体系应有的地位。中国与西方发达国家从历史、文化到体制和社会结构等都有差异，其中的一些差异使我国文化创意企业“创新”不够，少有“颠覆性”产品出现。对此，应有清醒认识，借鉴西方发达国家经验，在各个环节上大力提高社会整体、特别是文化产业层面的创意与创新能力。培养文化产业人才，要求我们牢牢把握文化产品生产的特点，改变传统灌输式、填鸭式的教育方法，在培养时着眼于人的心智，注重发挥人的主观能动性，营造鼓励创新、激发创意、宽容失败的氛围。

壮大文化出口从哪做起？

随着中国成为全球第二大经济体，中国文化“软实力”也被提到越来越重要的位置。特别是中国作家莫言获得诺贝尔文学奖后，这一话题更成为中外关注的热点。在十八大报告中，胡锦涛同志强调，要开创“中华文化国际影响力不断增强的新局面”。最近我在新加坡国立大学做学术演讲，介绍中国文化产业发展情况，被问到中国文化走出去情况时，的确有些汗颜。根据中国科学院中国现代化研究中心发布的《中国现代化报告2009——文化现代化研究》显示，我国的文化影响力指数在全世界排名第七，居于美国、德国、英国、法国、意大利、西班牙之后，显然与我国丰富的文化资源不相称。总体来看，中国文化产业出口水平还比较低，缺乏与世界竞争的综合能力。文化出口产业的发展与企业规模有着密切的关系，目前中国部分文化企业已经初具规模，甚至在国内市场上处于领先地位，但是与迪士尼、时代华纳、塔克钟等大型跨国集团相比，中国的这些企业从规模、效益、品牌上都难以与之竞争。日本影视业年产值已超过了汽车工业，成为国家的第一产业，而中国影视业的价值链尚不成熟，影视产品的出口还处于起步阶段，中国缺少浓郁中国文化的精品力作，也就难在国际上产生足够的影响力；中国工艺的创新设计跟不上时代步伐，出口所占份额极低；中国的动漫业也缺乏明星产品，在国际市场上并没有出现中国创造的流通力强的卡通形象和动画片；中国时装在国际上的地位比较低，还没有全球知名的时装设计师和时装品牌。由于中国的文化出口企业，绝大多数是中小企业，其中大多数缺乏资金、管理经验、业务渠道，尤其缺乏在国际市场上开展国际文化贸易的经验。少数大的文化企业，在文化出口方面也很弱小。所以中国的文化出口企业，至今没有规模巨大的名牌企业。还没有打开国际文化出口的大局面，没有形成强大的文化国际竞争力，也就产生不了文化的巨大国际影响力。如何提高中华文化国际竞争力与影响力，是当前相当迫切的问题，也是一项长期的任务。

一、建立文化出口产业领导机构，完善相关规划和政策

在日本和韩国等国家，文化出口产业的国家领导机构的总负责人是总统或首相，一些城市的文化出口产业的领导机构的总负责人是市长。因此，建立中国的文化出口产业的领导机构是当务之急，该机构的职责是负责制定和落实有关的鼓励政策，协调各部门的关系，争取国家机关如商务部、外交部、海关等单位的支持。文化出口产业不同于其他产业，尤其是以提升文化国际影响力为目的的文化产业，必须将中国各种资源、产品、城市形象、历史文化向全世界推广，这就需要有一个综合的概念，有一个大营销的概念，需要系统的战略规划，进而形成相关的产业链。因此，政府应该制定加快文化出口产业发展、提升文化影响力的规划和政策，加大引导和扶持力度。规划应包括：国际交流、传播、推广、全民教育的方式与步骤等。政府及相关部门还应尽快制定出实施细则和办法，并制定出投资指南类的宣传材料，使有意参与的社会团体或个人能够方便了解到相关的政策、办事的渠道以及参与该项事业所得到的利益等。还要综合运用财税政策支持文化产品和服务的出口。包括对文化领域效益好的龙头企业给予一定的出口信贷的授信额度，用贴息方式支持中小文化企业扩大出口和开拓国际市场，给予新兴文化企业更多税收优惠等。通过政府对文化出口产业的引导和支持，逐步建立起完善和成熟的文化出口市场体系和网络体系。

二、积极发挥技术对文化出口产业的促进作用

科技含量高是美国文化产业的一个杀手锏，尤其是在大众传媒介领域，网络传输、数字化、通讯卫星等高新技术的广泛应用，使美国文化产业具备了向全世界扩散的利器。其一，技术创新为文化产品的升级提供技术性支持，从内容和载体两方面不断创新传统文化的表现方式，使传统文化具有更生动的表现力和感染力。其二，技术创新逐步改变文化出口产业的盈利模式：一方面促进文化产业的高速发展，

宽带技术、多媒体传播、数字化与互联网的兴起，对传统文化产业产生了重大影响，原来凭借渠道的垄断优势获取高额利润的地位被削弱，内容产业成为文化产业的竞争焦点。另一方面技术创新导致产业之间的界限区域模糊，出现了产业融合的局面，最突出的表现就是电信、出版和广播电视的产业链和业务边界出现了融合，这就需要文化企业及时更新商业模式。

三、重点打造文化出口产业的品牌

每年推出一批文化出口产业的重点项目，加强政府对文化出口产业重大项目的主导和支持。同时融合多元社会力量，建设一批具有国际影响力的权威性和持久性的时装、动漫、影视、餐饮、会展、出版、娱乐文化出口产业品牌工程。打造一批与中国地位相称的大型文化企业。在发展传统文化产业的同时，积极探索发展新兴文化产业。

中国每年在国外举办的中国文化年，包括文物展览、传统戏曲、中国交响乐、中国民乐、地方歌舞、民族歌舞、功夫、杂技表演、电影、文学、新闻出版等体现民族艺术特色和当代文化创造成就的活动。为期一年的中国文化年的宣传过程中，还将举办多场旨在促进双边旅游、贸易等各领域合作的研讨会、介绍会等。充分利用在国外的中国文化年组织并推广中国品牌文化产品。

四、建立一系列的国际中心

国际中心不是一栋建筑，而是具有多个展示中心、众多的设计、制作、贸易机构汇集的，同时又有酒店、餐饮等服务设施的集合地。只有这样才能吸引全球的买家到中国。如可以结合北京南中轴的优势，建立以时装为主题的集众多家展馆、写字楼、酒店，将国内外的设计师集中于此的国际时装设计中心。还可以在中国建设国际餐饮文化中心、国际动漫交易中心等。当一系列的国际中心在中国形成时，就会出现世界看东方、东方看中国的局面。

五、发挥海外华侨、华人和留学生的作用

旅居海外的华侨、华人和留学生众多，其中不乏具备相当实力的企业家，甚至是跨国公司的管理层。过去我们主要吸引他们到中国来

投资，而现在可以利用他们的各自优势，发展中国文化出口产业，提升中华文化国际影响力。一方面可以利用他们比较了解所在国的国情这一优势。譬如，有的具有国际视野，谙熟国际惯例和国际公关能力；有的擅长国际投资活动。可以咨询征求他们的意见或建议，协助中国文化出口企业在海外发展。另一方面海外华侨、华人和留学生中有不少文化、金融、高科技、管理等方面的人才。可以吸引他们加入中国的文化出口企业，弥补人才的不足。还可以吸引他们在其所在国为中国的文化出口产业投资。

（《中国文化报》2012 年 12 月 8 日）

文化产业集聚区竞争力提升策略

面对文化产业发展前所未有的新机遇，各地都在思考如何利用大好形势，把文化资源优势转化成产业优势和竞争优势。发达国家的经验证明，集聚区无疑是文化产业发展的一种十分重要的方式。而构建文化产业集聚区并不断提升其竞争力，实现文化价值的巨变，需要选择运用科学的策略。

一、依托区域优势，选择适宜的文化产业集聚区发展模式

从世界范围看，文化产业集聚区大致有三种模式：一是产业集聚模式，就是多种产业功能相混合发展的模式；二是设施集聚模式，就是为打造文化中心而集聚大剧院、美术馆等大型文化设施的模式，伦敦的南岸艺术区就属于这种模式；三是孵化集聚模式，就是依托大学、产业集群、科研机构等等逐步形成集聚区的模式。从各国文化产业集聚区的生成背景看，都是城市后工业化时代文化与经济资源重新配置的产物。

中国的文化产业集聚区也是与城市发展与更新相互伴随的，并且至少表现出三种发展指向：一种是以旧城更新与功能置换为指向，比如上海，它的文化产业集聚区近七成是集中在内河线内的，主要是利用石库门里弄、苏州河沿岸老厂房建立形成的一个地带。而深圳主要是以优势依托和资源整合为指向的，比如，在南山区是依托深圳大学的创意设计集群，福田区是依托深南大道的传媒出版集群等等。此外，还有以区域发展和特色资源为指向的。

当然，也有的文化产业集聚区的发展无法归入某种单一模式，而是具有综合性、混合性特点，因此，是一种复合型模式。比如，奥林匹克公园就是这样复合型模式。一方面，它是体育文化与其他文化的融合体、体育产业与其他文化产业的融合体、公共文化服务与文化产业的融合体，是一个复合功能的超大型区域。另一方面，设施集聚作为其突出特征，构成了其发展的核心资源，而且这些设施都是国字

头的。

已有经验证明，要使文化产业集聚区具有良好的支撑力，必须根据本地区的实际和特点，选择符合自己比较优势的发展模式。

二、推进共享与合作，完善和拓展集聚区功能

功能互补是集聚区功能共享与合作的基础。并非所有设施放在一起就能成就一个优秀的功能区，更重要的是区域设施功能上的互补与合作。比如，主场馆毫无疑问是各种活动的主载体和最关键要素。但是，如果把客人来参加展览、会议或者观看体育赛事、文艺演出看成是购买一项产品的话，那么客人的产品体验就不仅限于场馆内的设施和现场的核心服务了。国家会议中心聘请了全球知名的市场调研公司做了一个客户满意度调查，发现很多客户反映国家会议中心周边缺乏购物及多元化的配套服务设施，换句话说，国家会议中心的场馆设施及核心服务能够保障会展活动的顺利进行，但不能使客人获得一次完整的产品体验。完整的产品体验还应该包括周到便捷的商务服务、以人为本的交通管理手段、优美的周边环境、优质的餐饮服务、丰富多彩的娱乐休闲活动等。

韩国首尔的例子很值得我们思考和借鉴。江南区的三成洞是首尔最具代表性的中央商务区，这里汇聚了很多银行和跨国公司总部，也是韩国文化、时尚和艺术活动的聚集地。2010 年 G20 峰会主会场的 COEX 会展中心就坐落在三成洞的中心位置，这是一个定位于为商业和文化交流服务的大型会议中心和综合展示馆，同时也是一个非常热闹的娱乐和旅游目的地。COEX 会展中心共有四层，拥有 45000 多平米的会议面积和 35000 多平米的展览面积，比国家会议中心小，但更重要的在于其周围相关的配套功能。在 COEX 会展中心的地下有一个面积达 85000 平米的地下购物中心，拥有 2000 多间商铺，以及电影院、书店、餐厅、咖啡厅、露天广场，甚至还有免税店、水族馆和泡菜服务馆，每天吸引超过 15 万当地人和国内外的观光客。那里交通非常方便，除了地铁、巴士等公共交通外，在会展中心旁边有通往机场的专用客运站，客人在这里可以直接办理登机

和行李托运手续，然后乘坐机场大巴前往仁川机场，在机场只需要通过安检就可以直接登飞机了。比起国内动辄10万平米的展馆来说，COEX会展中心并不算大，但它胜就胜在周边的配套与专业的服务上，让它一年能接待200多个展览和2000多个会议，这个数字大约是去年国家会议中心的3倍。这是通过区域功能互补提高会议中心产品附加值的典型案例。

为了推进文化产业集聚区发展，一方面应加快完善自身配套功能，另一方面应打破区域行政与功能界限，与周边的商场、酒店、休闲娱乐等资源进行合作，以主设施、主功能为核心，打造共享体系，不为所有，但为所用，实现共赢发展。因此，除了功能共享，集聚区的发展不能仅限于其管辖的区域，而是要以集聚区为核心区向周边辐射，拓展产业空间，形成区域产业合作联盟，甚至可以发展集聚区的飞地。只有这样，才能把周边很多分散的文化和产业资源进行整合，实现倍增效应。

三、实施精致服务，提升集聚区软实力

一流的、细致的多点服务是提升集聚区软实力的基础。人是文化的载体和传播体，文化产业是一个高度强调人与人之间交流及交互式体验的产业。拿会议和展览来说，现今科技高度发达，网络会议和展览的功能越来越强大，而实体会议和展览仍然处于主流地位，一个非常重要的原因就是面对面的价值，身临其境的互动和交流是任何科技手段都无法取代的。这同样也适用于体育比赛、演出和文化活动。在现场看足球赛和在电视机前看的感受肯定是不一样的，这种高度交互式的客户体验对服务的要求非常高，它不仅要求在点对点的服务上保证高质量，也要求我们能提供水准一致的多功能服务，以保证整个体验的完整性。与工业园相比，文化产业集聚区需要的不仅仅是设施，更是高水平的服务及专业的整体环境。

软实力一方面需要去培育、去打造，另一方面是如何去挖掘和利用。软实力的一些方面是跟当地的很多文化精神特质相关的，因此具有现成的根基。比如上海的很多东西非常精致。这种精致也反映在上

海的会展业上，其服务水平很有口碑。北京的文化气质是大气，这是上海人不得不羡慕的。北京代表着国家的形象，这样的一种大气实际上在软实力的培育上有很多潜质。所以，一方面要强化专业，另外一方面就是沿着自己的文化特质发展，从第二方面也可以培育出独具特色的一种软实力品牌。

在软实力的塑造上，一个重要的方面就是要面向市场，采用市场化机制，或者半市场化机制，包括一些服务的功能，这是节约成本和提高质量的重要保证。比如日本，它的场馆从垃圾处理到餐饮娱乐等，所有服务性的领域全都不是政府自己去做，而是公开性的采购，实行集约化的服务，无论是专业化程度，还是效率都是非常高的。当然，整个集聚区的公共服务并不完全都要依靠市场来解决。需要处理好公共服务和市场化的关系。集聚区整体，实际上还是以公共服务的职能为主。但是上面提到的那些具体的服务性的、专业化程度比较高的服务是可以让路给市场的。并且，每年可以拿出一部分资源面向社会，统一的去引进，吸引到更多的社会民间力量，参与到整个集聚区的运营发展中去。

四、打造文化全产业链，提升集聚区价值增值能力

对于集聚区的文化产业链要有明确的规划。一个集聚区可能缺其中的某个环节，比如说缺某种公共服务平台，缺某个专业的经纪人，或者缺跟国外合作的机会，或者缺资本运作，就需要把这些东西引进来，使整个集聚区各个部分，不管是做文化的，做体育的，还是做交流的，每一个链条都能完整，从创意到延伸产品都有。总之，产业链规划是集聚区非常重要的一个规划。

产业链的一大功能是可以实现价值增值。比如说链式组群形成文化生态链可以实现一种价值的轮次提升，迪士尼的产业链就是这样的方式。它最早是动画制作，销售仅完成成本回收，第二轮是迪士尼乐园每一元门票带动八元的消费，到了第三轮现在是品牌授权和连年经营占盈利的40%。实际上香港迪士尼也好，上海迪士尼也好，我们的投入和股份是不成正比的，但是因为这个品牌太好了，而其品牌的内

在力量就是产业链的效应。

打造全产业链需要扩大范围影响力。第一个是城市层面的范围影响力，集聚区的产业链培育在城市层面经常会面临着“两难”，也就是说任何集聚区的产业生态肯定是要大、中、小企业结合的。但是集聚区通常是倾向于接纳高端企业，而非中、低端企业。所以，需要集聚区内外形成配套协作和对接的联动。深圳加入联合国教科文组织创意城市网络的设计之都给我们一个很好的启发，它一方面是引进世界顶尖的设计大师和上游机构；另一方面，它又主动对一些庞大的制造业的企业集群加强联系。第二是全球范围的影响力，从全球合作角度看，拓展文化产业集聚区的外部产业链是至关重要的。像当时在世博会展示过的深圳的大芬油画村，其实当时进入这个试点案例的时候是有争议的，认为它的模仿性太强了。这个油画村在面临发展动力不足的困境下，做了很大的转变，通过构建联盟、举办峰会、发布新闻，由此形成外部的产业链条，扩大了国际市场的占有率和影响力。因此，从国际层面来看，可以逐步形成长期的战略伙伴，实现强强合作，资源共享，主动推介与项目承建相结合，从而提升国际知名度和能见度。

五、发挥产业融合与集聚区相互促进的作用

文化产业融合就是指文化产业同其他产业或文化产业内的不同行业互相交叉、渗透、重组，使得产业间的边界特征开始模糊或消失，产生新的精神产品或服务，最终融为一体，逐步形成新的产业动态发展过程。比如体育产业是最容易发生产业融合的领域之一。随着经济社会的发展，现代体育产业的内涵和外延已经远远超出了体育本体产业的范围。体育产业与其他相关产业的边界逐渐融合，业务上相互渗透，不断促进新业态的产生。学术界把这一现象总结为体育产业融合。现在的体育产业包括体育本体产业、体育外围产业、体育中介产业等，是集体育健身、体育竞赛和体育表演、体育中介、体育用品业、体育服务、体育文化旅游、体育传媒等多种相关产业为一体的复合型产业。在体育产业发达的北美、西欧和日本，体育产业的年产值已经进入了

国内十大支柱产业之列。20 世纪 80 年代，美国体育产业的总产值大约占其国内生产总值的 1%，在各大行业总产值的排名中居第 22 位；20 世纪 90 年代中期，美国体育产业的总产值已经超过了 3000 亿美元。

众所周知，文化产业需要丰富的资源投入，这其中既包括技术、设备、资本等物化形态的资源，又包括像知识、信息、创意这样隐性的、非物化形态的资源。而这些资源往往是分散在各个行业中。而文化产业集聚区恰恰可以把这些分散的资源集合在一起。因此，产业融合与集聚区建设存在着相互促进的关系。集聚区是承载高端产业的重要平台，它以吸引要素聚集和创新发展业态为目标，是实现产业聚集、创新发展业态、促进产业融合的空间载体。

集聚区要实现良好发展，必须推进文化产业各行业，包括体育休闲、会展、旅游、设计等产业融合，培育发展融合性业态。

六、做好品牌定位、塑造与营销，提升集聚区美誉度

一方面，要联合对外宣传、树立整体形象，这是集聚区发展的无形动力。要想让客户真正全面深入地了解集聚区，必须要有一个统一的声音，全盘统筹，齐头并进，将自己的优势、特点及功能准确地传递给客户。这个整合资源、统一对外宣传的工作，要集聚区管委会来牵头组织，才有足够的号召力和影响力，同时需要集聚区内的企业和机构的积极加入。

另一方面，要采用商业化的方法精心培育集聚区的品牌。品牌定位与营销是一门科学。品牌定位首先要清晰、准确。整个集聚区如何定位，需要深入细致地研究。这和其他经济活动的定位是相似的，加多宝（王老吉）2009 年销售约 170 亿元，它为什么火？最重要是它对品牌进行了准确的清晰的定位。其案例被编入了《哈佛商业评论》。

此外，还要注重品牌塑造和营销。品牌是什么？是制造出来放到人们头脑中去的东西。品牌定位塑造、营销有一套科学的理论与方法。现代营销之父、美国西北大学教授菲利普·科特勒就写过《市场营销》《国家营销》《社会营销》三部曲。集聚区发展必须引入现代营销的理念和方法。其实，北京奥运会就是一个国家营销的很好例子。国

外成功营销的案例也很多。比如新西兰，迄今为止，新西兰最著名的电影非《指环王》三部曲莫属，该片是由新西兰导演彼特·杰克逊执导。杰克逊还在惠灵顿设立了威塔工作室。因此，许多海外的电影和电视制作人纷纷看到了在新西兰的电影制作优势。电影一度成为其向世人展示和营销国家形象的最好方式之一。《大长今》的热播让韩国旅游局找到了“美食之旅”的营销点。德国国家旅游局经过数年发展，已经在境外设立了30个代表机构，以此在国际上展示其旅游资源，提升自身形象。此外，德国庞大的旅游推广销售体系也遍布全球，构成了其旅游营销价值链上重要的一环。

（《中国文化报》，2012年9月8日）

刺激文化消费从引导开始

2013年9月3日，由市文资办等单位举办的“首届北京惠民文化消费季启动仪式暨2013文化创意产业（北京）研讨会”在北京国际饭店举行。此次活动以“消费文化 品味生活”为主题，按照政府引导、市场运作、节俭务实、惠及市民的原则，旨在培养文化消费理念，引领文化消费意愿，激励文化消费行为，进一步拓展大众文化消费市场，丰富精神文化生活，推动文化事业和文化产业繁荣发展。

文化消费是指对精神文化类产品及精神文化性劳务的占有、欣赏、享受和使用等。文化消费是以物质消费为依托和前提的，因而文化消费水平能够更直接、更突出地反映出现代物质文明和精神文明的程度。文化消费具有重要的经济意义和社会意义。文化消费有利于提高人民生活幸福指数，对社会核心价值、主流意识形态、公民素质、国家形象等“软实力”的建构至关重要。中共十七届六中全会《决定》明确提出要“扩大文化消费，增加文化消费总量，提高文化消费水平”。

（一）更好地满足人们日益增长的文化消费需求

2012年，我国人均国内生产总值超过5000美元，居民消费正由生存型、温饱型向小康型、享受型转变。根据发达国家的经验，人均GDP达到1000美元的话，文化产品消费会有显著的提升。人均GDP到3000美元的时候国民文化产品的发展就应该有一个较大幅度的增长。人均GDP达到5000美元是一个爆发点，文化消费进入快速发展期。

按常住人口计算，2012年北京人均GDP达到13797美元，已经接近发达国家水平，居民消费将进入精神文化需求的旺盛时期。因此，推动文化消费是为了满足人们日益增长的精神文化消费需求的必然要求。

（二）更快地推动文化产业的繁荣发展

西方发达国家的文化创意产业是以市场为导向，是靠消费者长期形成并不断创新的文化需求来推动的。例如美国的电影市场、欧洲的戏剧市场、日本的动漫市场、欧洲的戏剧市场、以及韩国的游戏娱乐市场都是首先社会产生需求，需求推动了消费，消费拉动了市场，市场引发了产业的兴旺，并激发了创意的风气。

同美国和西欧一些国家文化消费占家庭总收入的 30% 相比，2012 年北京市的文化消费人均只有 1658 元，占家庭总收入还不到 10% 。由此可见北京市的文化消费潜力还有待进一步挖掘。

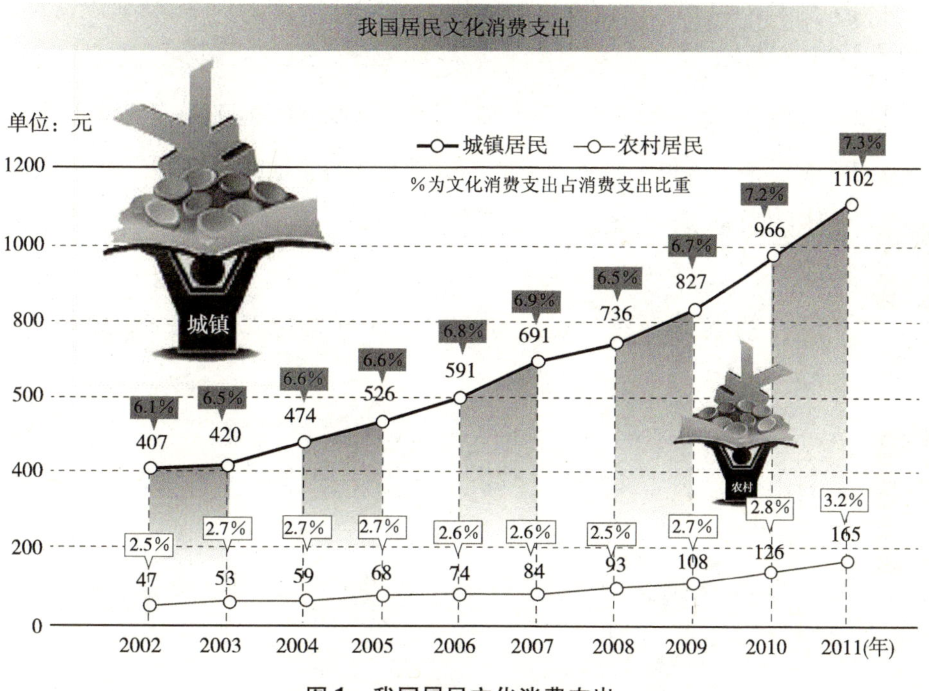

图 1　我国居民文化消费支出

数据来源：中华人民共和国文化部网站 http：//www. ccnt. gov. cn

文化消费是文化产业链条上非常重要的一个环节，只有消费者进行文化消费，文化产品才真正成为商品进入了文化市场的循环之中，才能刺激生产，促进整个产业链条循环向前发展，真正的文化产业的繁荣与发展的时代才能到来。

推动文化消费的有力措施

（一）引导“文化消费”理念，刺激文化消费需求

一方面居民收入增长缓慢、教育医疗等社会保障体系的不健全，制约了人民群众的文化发展需求；另一方面，中国人长期以来形成的偏重物质消费的消费习惯和倾向于通过储蓄谋求未来的“自我保障”的习惯，势必对“非刚性”的精神文化消费形成挤压。因此，提升文化消费关键性的着力点在于增加城乡居民收入，提高人均收入与人均产值的比例值，健全社会保障减缓“积蓄需求”，释放人们的文化消费需求。

（二）完善政策机制，创造良好的文化消费环境

打造北京市良好的文化消费环境，需要进一步完善各项政策机制。首先要完善金融税收政策，当前文化产品交易税负较重，例如艺术品买卖税率偏高，不利于文化消费市场建设。其次要改进财政补贴机制，进一步探索终端消费的补贴机制。刚刚启动的北京市惠民文化消费季是探索文化消费政府补贴的方式的典范，采取以鼓励消费者终端消费为导向的模式，让市民在文化消费时享受到优惠和补贴，激励文化消费行为，培育新的消费增长点。再次要加强文化市场法制建设，加大执法和监管力度，保障文化消费者权益。

（三）丰富文化产品供给，满足各层次消费需求

一要丰富文化产品种类，提供多元化、个性化、分众化的文化用品和服务，满足不同收入层次、不同文化层次和不同地区居民的文化消费需求。二要提高文化产品质量，不断推出质量过硬、特色鲜明、民众喜闻乐见的文化产品。

（《文化产业》，2013 年第 10 期）

培育文化消费应成为我国科学发展的战略重点

中共十七届六中全会《决定》明确提出要“扩大文化消费，增加文化消费总量，提高文化消费水平”。从当前我国经济发展主要矛盾、文化消费的特性等方面看，积极引导和大力培育文化消费应成为我国科学发展的战略重点。

一、积极引导和大力培育文化消费的主要依据

（一）文化消费是扩内需、稳增长的主要着力点

凯恩斯理论认为，当经济在低于其潜在产能的水平运行时，需求可以决定一个国家或地区的经济增长率。消费率偏低、内需不足成为我国经济增长的一大阻力。扭转供需失衡，一个重要着力点是大力培育和发掘文化消费市场。国家统计局发布的报告显示，2011 年，我国文化及相关产业法人单位增加值为 13479 亿元，占当年国内生产总值（GDP）的比重仅为 2.85%。而不少发达国家，这个比重在 10% 以上，美国 2010 年达到 27%。这说明我国文化创意产业具有巨大的发展空间。

有资料显示，目前城市居民文化消费活动主要集中在看电视、读报、上网、逛公园等方面，文化消费构成较单一，文化消费层次偏低，还处于放松自我、休闲娱乐的初级水平。

稳增长是我国当前发展的一个重要任务，而大力挖掘文化消费潜力，扩大内需，则会给经济增长带来新的空间。

（二）文化消费应成为我国未来消费主流，是调整结构的重要方向

当一个国家的经济发展到一定水平后，以文化创意产业为主要内容的非物资消费成为消费主流。这是因为，随着经济发展水平的提高，人的需求层次逐级递升，逐渐由满足基本生存需求的初级阶段向追求精神文化消费的高级阶段演进。

根据国际经验，当人均 GDP 超过 5000 美元时，居民消费将进入文化消费需求的旺盛期。按照世界银行数据，2011 年中国人均 GDP 达

到5445美元，已进入中高收入国家行列。2011年，北京、上海、天津、广州、深圳的人均GDP分别达到12447美元、12784美元、13058美元、15085美元和17018美元，以5市为代表的中国特大型城市已经进入“高收入经济体”区间。这些都表明我国已经进入了文化需求的旺盛期。根据中国社科院《文化消费蓝皮书》，我国城乡居民文化消费总量从2000年2000亿左右增加到2010年接近9000亿的规模，据预测，2012年可能突破12000亿元人民币。

（三）文化消费需要人为培育才能形成巨大的现实需求

文化消费不同于衣食住行等生活必须品，不是刚性消费，需要外力的推动，才能使已具备的文化消费能力转化为消费现实。所以，它是一种引致需求，通常需要经过相当一段时间的培养，消费者具有了积极体验，形成爱好和习惯之后才能生成。根据文化消费的布迪厄尔理论，文化本身是一种符号，文化消费主体需要具有理解能力。文化消费本质上是一种文化解码行为，只有一个人拥有了特定的文化解码能力，文化内容和产品才具有意义和旨趣。对于缺少文化解码能力的观众来说，音乐和绘画也许会令其感到莫名其妙，完全迷失于声音和节奏、色彩和线条的混乱之中。因此，文化消费是一种潜在需求，是需要着力培育才能形成的，特别是对于很多经历了很长时期物资匮乏的中国人，不习惯在文化娱乐上花钱。这就需要大力提升市民的文化消费能力和习惯。

（四）文化消费能产生巨大的社会效益

文化消费除了保证劳动力再生产的延续，提升人们的生活品质，还有一个重要功能，就是提升人的价值观、荣誉感，培养人们的情感与意志力，提高国民素质。真正的文化艺术都具有使人向真、向善、向美的作用。政府必须从社会主流价值观的角度关注文化消费，发挥文化消费在促进社会和谐、消融社会矛盾方面的功能。要强化文化惠民意识，按照公益性、基本性、均等性、便利性的要求，进一步健全和完善公共文化服务体系。要充分尊重人民群众的主体地位，激发全市群众参与文化活动的热情，实现发展为了人民、发展依靠人民、发展成果由人民共享。

（五）当前人们只注重文化产品的供给一方

现在，人们已经清楚意识到发展文化创意产业的重要性，并大力加以推进，但存在一个误区，就是把精力主要集中在文化生产与供给上，集中在文化创造主体和传播主体上，而对文化创意产业链的末端——文化消费却很少关注。文化产品的创意、生产与销售，其最终目的在于消费。文化消费群体没有培养起来，盲目投资，必然造成我国文化创意产业的供需失衡，而目前这种失衡状态，又必然带来文化产品生产的错位和行销的断路，效益低下，最终必然引起文化产品的积压、精神和文化资源的极大浪费。

二、提升文化消费力的国际经验

（一）对文化消费进行补贴是发达国家的通行做法

发达国家普遍通过对文化消费的补贴扩大文化消费的规模。有赖于美国政府部门的大力支持，美国大都会大剧院的最低票价仅 15 美元，其3800 个座位约有 10% 都以最低票价出售。法国、英国等国对演艺消费的补贴都非常多，基本能补贴到全部费用的 2/3。韩国 20 世纪 80 年代的文化消费券政策是韩流文化席卷世界的主要原因。德国通过“Kulturlogen” 和" Cultural Bag Pack" 两个文化发展计划，对文化消费进行补贴，从而保证年轻人和低收入者文化消费参与的平等权利。法国自 2000 年 1 月 1 日起，由国家提供补贴，保障所有的国家博物馆和纪念馆在旅游淡季中每个月挑选一个周日让 18 岁以下年轻人免费参观。而其所有的国家剧院会在周四用 8 欧的统一价格对公众开放。所有荷兰 27 岁以下的年轻人均有机会以每年 15 欧的价格申请 Cultural Youth Passport，持有该护照的年轻人在进行文化消费时可享受 3 ~ 7 折优惠，折扣部分由国家进行补贴。而英国则从 2004 年开始实行“own Art”计划，英国的文化部门和全国的 235 个画廊合作，为艺术品购买提供最多 2000 英镑的赞助。

（二）鼓励文化赞助成为国际公益性及准公益性文化发展的通则

法国，许多大企业都把赞助文化活动作为企业的一项战略，可在公关和减税两方面获益。为保证文化赞助有序进行，法国成立了全国性的文化赞助最高委员会，由企业家、艺术家和政界代表共同组成，负责协调企业赞助事宜。法国政府以文化赞助税制为杠杆，以企业自身的经济利益为动力，驱动企业、公司积极参与文化活动，对文化发展的作用不可低估。

德国，针对政府对文化投入不足的状况，许多企业承担起保护德国文化并助其发展的责任。在过去的15年里，德国文化界与企业界的合作取得了令人瞩目的进步。许多企业认为，对文化的赞助比短期的广告效应更为长远和有效。1996年，德国成立了由60家企业组成的文化赞助的工作机构，将尊重和保证艺术自由作为文化和经济合作的基础，力求经济界和社会公众对文化赞助投入更大的注意力。

日本政府对高收入的个人和高盈利的企业课以重税，而对于赞助文化事业者则采取减免税收等优惠政策，有效地刺激了民间企业和个人对文化事业的捐助。日本社会各界的捐资、赞助，不仅使文化事业获得重要的资金来源，也密切了文化与经济的关系，促进二者互相带动、互相推进。日本文化团体的董事会或理事会均吸收工商金融界人士参加，形成各界人士共同为文化事业发展出谋划策、出资出力的局面，而文化事业的发展常会产生连带消费，反过来在一定程度促进经济的繁荣。

（三）发达国家经验表明，公共文化的普及对文化产业的发展至关重要

只有在公共文化的普及达到一定程度和规模后，才能有文化养成的社会氛围，才能催生出大的、健康的文化消费市场。英国政府就特别注重提高市民的文化创意水平和享受文化创意的意识。2000年，在《未来十年》中，从教育培训、扶持个人创意及提倡创意生活三个方面，研究如何帮助公民发展及享受创意，并采取了一系列的措施，包括开放更多的博物馆及将所有数据档案数字化等，这些做法为人们提供了更多的文化创意接触机会，使他们可以发展创意、享受创意生活，并为产业的发展提供了基础。

三、引导和培育文化消费的主要措施

其一，强化引导，提高全民文化消费意识。引导文化消费是发展文化创意产业和扩大内需的战略性问题，要把文化消费作为发展文化创意产业的重要环节和提高国民素质的重要内容，不断创新文化消费的体制机制，逐步确立文化消费的重要地位。充分发挥各种传媒的作用，加大对文化消费产品的宣传，拓宽文化消费信息渠道，加强新影片上映、新书和新唱片发行、文艺演出、展览展示、动漫、艺术品交易以及新软件研发上市等的宣传，引导文化消费结构升级。政府出资或借助社会团体力量开展文化宣传、教育及培训活动，着力提高全民的文化素养，培养积极健康的文化消费理念、消费习惯和消费品位。

其二，完善基础设施建设，优化文化消费环境。加大政府投入，积极引导民间资本以冠名、赞助、捐助等方式参与，形成以政府投资为主、社会及个人投资为辅的资金运作模式，不断提高文化设施的布局密度和质量。加大文化馆、图书馆、少年宫、纪念馆等设施的改造力度，提升服务功能，新建影剧院、文化广场、文化主题公园、展览馆、娱乐中心等，丰富居民文化消费场所。本着长远、创新、时尚的理念，建设品位高雅、风格鲜明、科技含量高的现代文化基础设施，如高档剧院、高档电影院、智能“文化亭”等，加大非基本公共文化服务力度；鼓励机关事业单位、企业、学校、社区等租赁文化娱乐设施开展文化活动。

其三，培育新的文化消费形态，丰富文化消费产品和服务。随着生活品质的提高，我国文化消费将由追求文化消费品的数量向更加注重质量转变。要立足于整个文化创意产业链，依托丰富的文化资源，增强文化与上下游相关产业间的联动性，促进文化创意产业与其他产业的深入融合，不断创新文化形式和内容，培育新的文化消费形态，积极扩大文化衍生品消费。

其四，探索文化消费补贴模式，促进文化消费快速增长。鼓励文化演艺团队或自愿者组织通过集资、募捐等方式，推进文化下乡、文化进社区活动。完善政府补贴向社会提供低价文化产品机制，提高文化消费在城乡居民日常消费中的比重。免费开放公共图书馆、文化馆（站）、博物馆等国办文化阵地。积极探索新的文化消费补贴方式，发放特殊群体“文化消费卡”，在外来务工人员聚集的重点区域开展经常性文化艺术活动。在重要的节假日、庆典日、周年日等多举办一些大型的文化主题活动，丰富城乡居民的文化生活。

其五，创新文化经营模式，促进文化创意产业融合发展。随着人民生活水平的提高，闲暇时间不断增多，居民生活消费开始趋向“文化化”，文化消费趋向“生活化”，传统的独立文化经营模式已不适应时代需要，开始向集聚化、关联化产业模式转变。应大胆创新文化经营模式，依托新媒体、数字化、“三网融合”等高科技手段，借助高档电影城的人气凝聚力，打造集购物、娱乐、休闲、餐饮于一体的“城市综合体”。改造传统剧院，创新剧院经营模式，打造以平民消费为主的多元化剧院。以出版物销售为平台，加快出版传媒集团与影剧院、电器城、商贸城等的联合，打造书城、影城、青少年活动城、文化休闲娱乐城、文化商贸城等“多城合一”的商业运作模式，促进文化消费的快速上升。

（《中国文化报》2013 年 9 月 28 日；北京市委《决策参考》转载，2013 年 9 月 16 日）

众创空间之路怎么走？

“大众创业，万众创新”的时代，“互联网+创业创新”成为我国经济发展的新引擎。目前，全国范围内涌现出众多为创新创业人才提供创业服务的“众创空间”。一方面，发展“众创空间”，在国家经济发展战略层面上重视大众的创造力，是基于目前我国文化创意产业的发展要求，是在经济新常态下顺应我国与全球发展趋势而提出的重大举措；另一方面，需要认识到，我国的创客经济和创业服务都处在成长期，尚在实践中探索前行，须走出一条适合我国国情的众创空间发展道路。

创业服务要本土化

以创业咖啡馆为代表的众创空间，是对美国硅谷孵化器模仿而来的一个行业，近两年在我国开始兴起。简单说，“众创空间”是创客、创业者的培训和孵化平台，其商业运营核心是创业服务。我国“众创空间”有别于欧美“创客空间”的一个重要特点是重视创业的实操性，而非为原本意义上的“创客”因兴趣而进行创造所提供的服务平台，在性质上更接近于创业孵化器。因此，“众创空间”在我国首先面临着本土化的问题：一是服务对象本土化，面向的群体是以创客为主体的创业者，而不是单纯为兴趣而进行创造的“创客”。与欧美创客比较而言，我国创业者技术过硬，然而创意欠缺，并且商业运营能力较弱，需要在企业运营能力、资源整合能力、产品策划能力、资本运作能力上得到帮助与提升。二是服务目标本土化，即助力创业者创业成功，实现其市场价值，使得创客经济成为我国经济发展的推动力之一。三是服务内容本土化，开发适应本土的创业服务产品、完善本土化创业服务、保持对创业者和投资人足够的吸引力。

从创业的社会大环境来看，在创客经济发达的美国，业已形成以硅谷为代表的创业生态圈，拥有成熟的创业文化氛围与创业投融资体系，创业成功与否主要由产品主导，创客创业主要是要有好的创意和技术就可以；而在我国现阶段，创业大环境还在培育期，创业教育的缺乏使得创业热情与创业能力不相匹配，若要创业成功，除了创意和技术之外，还依赖于创业者的执行力，也就是创业者还要懂得商业运营和市场开拓，这些都是创业服务需要认真思考的问题。简言之，众创空间的运营不能是简单地异地移植，必须根据不同的科技创投国情，实现创业服务本土化，才能成为我国创客经济发展的有力助推器。

打造“众创空间”全产业链

“众创空间”作为我国经济发展过程中的新生事物，将在相当长的一段时间内有着广阔的发展前景。随着文创经济纵深发展，亟需打开众创空间的运营思路，全方位开发创业服务产品，推进创业服务的产业化发展，形成一套成熟完善的创业服务运作机制和商业推广模式，打造良性循环的“众创空间”全产业链，打通多业态产业之间的关联，为各种供给与需求关系提供对接渠道。

“众创空间”最大的意义与价值在于整合各类资源，将各类创业要素有机聚合起来，为创业者提供周到细致的服务，形成机制完善的创业服务体系，并以此为核心涵养与优化整个创业生态系统和创业社会环境。“众创空间”的全产业链打造，意味着打通从产业链上游的基础研发到下游的市场拓展的所有环节，以我国创业市场需求为导向，最大限度地满足创业者与创业实践的各种需求。在提供办公场所、专业资源、现场活动、庞大的数据中心服务之外，以及完善团队建设、商业服务、金融资源、网络平台四大项服务的同时，仍需拓展与细化业务领域。诸如：为初创企业制定发展战略，提供法律、税务、技术转移、知识产权与专利咨询等服务，建立导师制对创业者指导帮助，培训孵化国际企业管理人员，搭建国际战略合作平台，建立与科研院校的合作联盟等。其重要特点是为创客、创业提供创新式服务，把创业服务做活、做精细，并形成有机的多业态产业链，整合从创意对接到原型生成、产品孵化、市场推广等各个环节，形成规模化、响应快的全产业链闭环式创业支持系统。

综观目前国内众创空间的运营，仍处于起始阶段，创业服务相对单一、稚嫩，对创业服务的理解更多集中于投融资服务，局限于为创业者提供一个简单的资源对接，而对人力资源、项目创意设计、市场营销、商务合作、知识产权、法律咨询、国际战略等方面的创业服务欠缺深入开发，亟需根据创客和创业者的切实需求开发出更精细化的创业服务项目，完善“众创空间”全产业链机制，适应我国文创经济发展的现状和趋势。

借鉴国外众创空间经验

国外众创空间这种形式的孵化器已经发展到一个相对成熟的阶段，十几年前就已经有 Hackspace、TechShop、Fab Lab、Makerspace 等众创空间，已经形成较为成熟的创业文化，积累了很多宝贵经验，我们可以向他们借鉴学习，融会贯通，指导我们的创业服务实践。

一是要培育健康、宽容、理性的创业社会环境和创业氛围，进一步完善制度与政策上的保障与监管，确保“大众创业，万众创新”热潮步入良性轨道，有序发展。二是要完善国内创业投融资体系，完善银行对创新型初创企业信贷优惠政策的同时，大力引进创投机构聚焦初创企业，引导民间资本成为创业投资的一支重要力量，构建投融资服务平台，为创业投融资提供完善的全程服务，降低创投风险，提供利润回报率。三是要加强创业教育，完善创业教育体系，鼓励创业者创新创业的热情，并引导创业者在创业意识、创业思维、创业技能、创业心理、创业品格等方面做好充分准备。

从某种意义上来说，国外发展众创空间、优化创业服务的成长路径，是我国众创空间谋划未来发展要尽早进行研究与布局的工作重心。

目前，我国正以坚定的信心与实际的政策行动扶持“众创空间”发展壮大，正在为“大众创业，万众创新”涵育良好的社会环境和发展沃土。在现有政策利好的背景下，只有稳步发展众创空间、优化大众创业服务，有序引导释放大众创业、万众创新的潜能与激情，才能最终实现“既可以扩大就业、增加居民收入，又有利于促进社会纵向流动和公平正义”的既定目标。

（《中国文化报》2015 年 9 月 12 日）

三、经营之道

如何释放文化企业正能量

文化产业属于知识密集型新兴产业，具有高知识性、高附加值和强融合性特征。大力发展文化产业对于推动我国产业结构升级、转变经济发展方式，从而实现科学发展具有重要战略意义。但是，必须看到，文化产业的发展在我国还处于初始阶段，认识上不少问题还没有完全弄清楚，实践上有些做法也不甚科学。这些都影响了文化产业的健康成长。一些地方一哄而上的“动漫基地”“文化产业园”等在热潮消退后，问题逐渐暴露：经济效益低，创新活力不强，有的面临骑虎难下的境地。如果没有政府的特殊政策，很难为继。可以说，造成这种局面的原因是多方面的，但主要症结在于人们没有真正搞清楚发展文化产业的核心问题。文化企业是文化市场的主体，也是文化产业的主体。发展文化产业的根本在于培育具有自生能力的文化企业，这样的企业拥有一流的文化创意企业家，具有国际或国内知名的文化品牌，形成了成熟的文化商业化模式，具有持续的创新能力，从而形成较强的国际或国内竞争力。只有出现了这样一批文化企业，我国的文化产业才能算真正发展起来。

为了加快培育具有自生能力的文化企业，应在文化市场主体建设上着力做好以下三点。

一、加快推进国有文化单位转企改制，做强文化经济

由于文化体制改革相对滞后，我国的经营性行业事业单位仍然较多，企业的主体地位不够明确。从北京来看，2008 年，娱乐业、计算机软件服务业、广告业的企业法人单位就业达到了 95% 以上，但新闻出版业、广播影视业、文化艺术业、体育业的企业法人单位就业比例低于 50%，反映出后者事业单位较多、偏重于公益性的特点。另一方面，北京的文化产业中，国有经济比重过大。2010 年，私营企业占北京文化创意产业企业总数的 38.1%，资产占总资产的 10.6%，收入占总数的 15.2%。从全市看，非公经济的单位数量占全市 80% 以上、就

业占半数以上。北京市文化产业经济的最为突出的特征是以中央单位为主。尤其是在文化艺术和新闻出版两个行业中，2007 年中央单位数量均在本行业中所占比重超过 50% 。其中文化艺术业中央单位数量占 60. 1% ，新闻出版数量占 53. 2% 。

为了强化文化企业的市场主体地位，必须吸引其他行业的企业、民营资本以及国际资本参与国有文化单位的转企改制。努力实现文化产业投资主体的多样化是各国政府的普遍做法。在美国，政府对文化的直接投入所占的比例正在不断减少，而通过立法鼓励社会团体、企业和个人对文化进行捐赠和投资。目前美国的一些文化活动，私人、企业的投资额已经远远超过了政府的投入。我国应允许其他行业的企业、股份制或民营文化企业参与国有文化单位的转企改制，以资本为纽带，共同组建股份制的文化企业。一些距离意识形态较远的领域，允许国际资本进入。在经济全球化时代，文化资本的国际化趋势十分突出。美国最大的电影公司哥伦比亚公司是由索尼控股的，美国著名的纪录片电视频道——探索频道是由澳大利亚的新闻集团控股的。

还要积极支持龙头企业发展，鼓励文化企业实施跨地区、跨行业、跨所有制联合和兼并重组。积极发展战略投资者，扶持文化创意企业上市融资，对上市企业给予奖励，从而造就一批具有自主知识产权、具有较大规模和较强实力的企业集团，带动整个产业的发展。要着力进行品牌的规划、建设与管理，积极打造文化企业品牌，形成品牌价值和竞争力。

二、破除制约文化产业发展的体制性障碍，完善市场体系

目前文化市场是按部门、行业和区域分割的，使本应完整的文化创意产业链条发生断裂，导致市场配置资源的基础性作用无法得到充分发挥。以新闻出版业为例，虽然部分国有出版机构已经转制成企业，但事业单位的管理模式尚未完全改变，造成管办不分，出版单位缺乏活力和市场敏感性，难以适应市场经济的发展。而对于日趋活跃的民营出版机构，因出版政策和管理方面的原因，目前主要靠购买书号运

营，造成其经营行为大多处于灰色状态，不敢浮出水面。又如，动漫游戏业主管部门涉及文化、广电、新闻等多个部门，分头管理，责任分散，缺乏有力的统筹协调机制和平台，难以形成合力，影响和制约了行业发展。为了解决这些制约因素，中央和地方应尽快组建国有文化资产管理专门机构，对国有文化资产进行重组盘活，加强对文化资源的整合和利用。利用资源优势，积极推动文化与科技、旅游、体育等产业的融合发展。

三、为民营资本进入文化产业松绑，扶持中小型文化企业的发展

从发达国家经验看，文化产业不同于传统产业，很多都是灵活、富于创新的中小企业，如独立工作室、时装设计公司、小型文艺公司、数码设计公司、广告公司等，这些企业只适合以民营企业的形式存在和发展。在发达国家，整个文化行业的增长主要依靠私营的中小企业。因此，增加政府对民营文化企业投资力度，吸引大量民间资本投入文化产业，大力发展民营文化中小企业，是中国文化产业的重要环节。

民营文化企业多为中小企业，这些中小型企业从创意到理念，从构思到产出往往是由少数几个人甚至是一个人完成的，不需要很多投入，但能对推动文化产业的发展起到十分重要的作用。这些企业机制灵活、成长潜力大，应成为文化产业的活跃力量。但这些中小企业在创业之初往往会遇到很多困难，例如，即使手中有好的项目，因为难以获得金融机构和文化产业发展专项资金的支持，形成发展瓶颈。此外，广播电视、新闻传播等部分文化行业的市场化程度不高，民营企业进入这些市场难度大。因此，政府应该采取有效的政策措施，在行政审批、财税支持、资金援助、金融服务、咨询建议、知识产权保护、技能培训、网络服务和场所等方面进一步提供优惠政策并细化操作，同时放宽市场准入，使民间资本在进入领域获得均等的机会，鼓励民营资本进入文化创作、制作和交易市场。尤其考虑扶持那些有明确商业模式和发展规划前景的中小企业。还要进一步发挥文化产业中介机构、行业组织的作用。

政府对个人和私营企业的支持对文化产业发展具有重要推动作用。英国针对私营文化企业发展中遇到的缺少资金、研发投入不足、无力开拓海外市场等问题，积极支持那些有创新能力的个人或私营业者，为其提供发展所需的资金，以免埋没了许多创意构思及商机。为文化产业从业者寻求资金是1997年创意产业特别小组成立后最重要的工作之一。目前采取的措施有：提供各地可供给创意业者资金的机构联络方式；英国科学、技术及艺术基金会（NESTA）对于具有创新点子的个人，提供发展资金等。

（《中国文化报》，2012年7月28日）

呼唤中国文化创意企业群的崛起

1998 年，国家文化部成立文化产业司，标志着我国文化产业“从自发到自觉”的新的历史阶段。15 年后的今天，中国文化产业虽然取得了长足的进步，但与发达国家相比，仍有不小的差距。国家统计局的报告显示，2011 年我国文化产业法人单位增加值为 13479 亿元，占当年国内生产总值（GDP）的比重达 2.85%，而美国的这个比重超过 25%。为什么中国文化产业还不那么尽如人意？一个重要原因是我国对发展文化产业存在严重误区，虽然我们用文化产业这个概念，但政府还是把产业当文化做，二者混在了一起，在政策上、操作上没有把文化与文化产业区分开来，也就无法抓住发展文化产业的核心问题，使文化产业无法真正发展起来。

从产业的本质要求看，文化产业发展最核心的问题是培育具有竞争能力的文化创意企业，这样的企业拥有一流的文化创意企业家，具有国际或国内知名的文化品牌，形成了成熟的文化商业化模式，拥有持续的创新能力。只有出现了这样一批文化创意企业，我国的文化创意产业才算真正发展起来。所以，发展文化创意产业不是看投了多少钱、不是看出台了多少政策，也不是看建成了多少园区，最终要看企业的成长与崛起。没有后者，前者都没有意义。

要想真正培育起一批有竞争力的文化企业，根本前提是搞清楚文化产业的本质。一提到文化产业，人们总认为文化是阳春白雪，岂能商业化？这种观念必须打破。文化分为公共文化与文化产业。公共文化属于公共产品与服务的范畴，具有非竞争性与非排他性，容易出现市场失灵，因此，主要应由政府来提供与承担，必须把社会效益放在第一位。而文化产业则是要在不违背法律和社会效益的前提下，追求经济效益最大化。所以，文化产业说白了就是靠文化赚钱的行业。

去年有个很不错的电视剧，范伟主演的《老大的幸福》，里面有段台词我印象很深，做演员的老三排戏时受了委屈，于是抱怨到：我一直以为我在玩艺术，结果发现我是被艺术玩，电影就不是什么艺术，它就是工业，就是商业，就是制造。在一定意义上，他说的没有错，文化产业就是文化商业。

我们是社会主义国家，政府经常担心一些文化产业从业人员胡作非为，忽视了社会效益和主流意识形态。其实，不要过于担心，像深层次的意识形态、核心价值理念的东西是很难产业化的，浅层次文化、大众消费文化才容易做成文化产业。

实际上，大众文化消费的增长，休闲时间的增加，休闲内容的丰富是生活品质和社会发展水平提高的一个重要标志。文化产业就是休闲娱乐产业，说的不雅一点就是玩的经济。因此，要明白文化产业的特殊运行规律，就要研究人们吃喝玩乐的心理和特点。我们说迪斯尼，它就是玩的产业，这种玩带来的却是丰厚的盈利。为什么？因为它抓住了人们玩乐的独特需求，背后遵循的是文化创意的商业法则。主题公园、游戏行业、影视行业都要认真研究大众的文化消费心理，发现人们现实的和潜在的市场需求，并自觉创造市场需求。

文化企业的崛起还需要一个重要因素：文化创意企业家的崛起。文化创意企业家是发展文化产业最稀缺的资源。为什么美国会成为世界第一经济强国，是因为美国有微软、沃尔玛、苹果、谷歌等世界级企业，而这又是因为美国企业家群体的强大。为什么美国是第一文化产业强国？是因为美国有新闻集团、迪斯尼、好莱坞等文化企业巨头，而这背后同样是文化创意企业家，包括默多克、华特迪斯尼等。在美国，企业家是真正的民族英雄。1904 年，美国《企业家》杂志将《美国企业家宣言》作为发刊词，以激发企业家和国人的斗志。此后百余年，杂志扉页上的这段话，从来没有改变。

所以，我们要把营造文化创意企业家成长壮大的环境作为发展文化产业的重要环节，建立文化创意企业家激励与约束机制，发展文化企业人才市场、培育文化创新创业的良好氛围。

文化创意企业家有两种，有的一开始就做文化产业，对文化与商业都熟悉，但除了这种，很多人也可以从其他行业转移过来。一些企业家说，我文化水平不高，也不太懂文化，所以我做不了文化企业。其实，这种观念是不对的。文化创意企业家最关键的是懂投资、懂市场。成功的文化企业家大多不是文学家、艺术家。比如，王健林原来主要做房地产，现在进军文化产业，也很成功。2012 年 8 月，万达收购美国排名第二院线公司 AMC，成为世界最大电影院线运营商。2012 年，万达文化产业集团的总体文化收益超过了 200 亿。万达的发展方向是，2020 年彻底转型，届时来自房地产的收入要低于 50%，文化旅游则为支柱产业。再比如，中国禅茶堂集团，他的老总不是僧人，也不是宗教专家，但他们却利用各地的禅寺，实现了每天 30 万元的盈利。所以，文化和文化产业是两个系统、遵循的是两套运行规则。

为了中国文化产业的美好明天，我们热切呼唤中国文化创意企业群的崛起，热切呼唤中国文化创意企业家群体的崛起！

（《文化产业》2013 年第 6 期）

文化企业要善于品牌培育与营销

2012年2月国务院颁布的《质量发展纲要（2011～2020年）》强调，要大力实施名牌发展战略，发挥品牌引领作用，开展知名品牌创建工作。品牌是唤起消费者重复消费的最原始动力，是消费市场上的灵魂。根据联合国工业发展组织统计，全球有8.5万个品牌，其中著名品牌所占比例不到3%，却拥有40%以上的市场份额。没有品牌，企业就失去生命力，把品牌战略放在企业发展的重要地位，是企业在市场竞争中立于不败之地的根本。创立自主品牌，提高品牌的附加值，更是文化产业制胜的利器。上海在城市功能转型和产业结构升级中，将目光投向了品牌，大力推进品牌建设，提出“让新生品牌脱颖而出，让老品牌重获新生，把上海打造成全国品牌之都”。

那么什么是品牌？品牌是指给拥有者带来溢价、产生增值的一种无形资产，他的载体是用以和其他竞争者的产品或劳务相区分的名称、术语、象征、记号或者设计及其组合，增值的源泉来自于心智中形成的关于其载体的印象。简单的说，品牌是一个故事，这个故事家喻户晓。品牌可以让每一个听故事的人，用心与你交流。这个故事给人美好的感觉，进入了人们的头脑中。这种故事和感觉是可以制造出来的，这个制造过程就是品牌培育与营销，从而形成产品的标志性品质。国际营销大师菲利普·科勒说过：星巴克卖的不是咖啡，是休闲；法拉利卖的不是跑车，卖的是一种近似疯狂的驾驶快感和高贵；劳力士卖的不是表，是奢侈的感觉和自信；希尔顿卖的不是酒店，是舒适与安心；麦肯锡卖的不是数据，是权威与专业。哈根达斯的广告语是“爱她，就带她去吃哈根达斯”，因而，它卖的不是冰淇淋，而是对生活的梦想。

目前，我国文化品牌培育方式还比较简单，很多是泛滥的广告，其效果可想而知。比如，“大美长白山，休闲养生地”。听着不错，但仅仅靠这种口号式的广告是远远不够的。长白山文化真正的特色是什么，真正吸引人的地方是什么，真正具有商业价值的是什么？要把核心的东西突出出来，进行系统化的培育和营销，带动其他产品和服务。

最重要的是要对产品进行明确的定位。品牌定位有两层含义，第一就是对品牌所涵盖的产品或服务有一个清晰的定位，即服务对象是谁，是男人还是女人，是小孩、青年人、中年人还是老年人，是富豪、中产阶级还是一般工薪阶层。任何一个品牌所服务的只能是一部分特定的人群，如果试图服务所有人群，那只会让消费者无所适从，变成谁也说不清楚你的品牌倒底是什么。也就是说品牌必须有自己的特色，如提起龙井，大家都知道是绿茶，提起好莱坞就知道是拍电影的，提起奔驰，大家都知道是豪车。如果奔驰不是只有豪车，而是也生产一般普通小汽车，那奔驰也就不是奔驰，也就不能成为豪车的象征。又如肯德基母公司百胜餐饮集团其旗下包括五个世界著名餐饮品牌，分别在烹鸡、比萨、墨西哥风味食品及海鲜连锁餐饮领域名列全球第一。如果把这五项都放在肯德基名下操作，肯定就不会有现在的肯德基及百胜集团。第二就是品牌不能盲目多元化，如果过多过广的在不同的产品上均使用同一个品牌，则会损害品牌的影响力，让消费者根本不明白及了解品牌是做什么的，更谈不上有什么特色。娃哈哈，中国著名的饮料生产企业，年销售额超过 600 亿，其在 2002 年进军童装市场，推出娃哈哈童装，当初宗庆后设想是年销售超过 1000 万件，销售额超过 10 亿元，但十年过去了，其官方公布年销售才 200 万件，销售额多少则无从得知，估计 1 亿元左右，在娃哈哈的销售额中几乎可以忽略不计，娃哈哈在童装领域的多元化可以说是失败的。因为在消费者心中，娃哈哈就是一家饮料公司，饮料和服装行业跨度太大，基本上没有任何关联，品牌内涵无法延伸是自然的事。因此对品牌的多元化必须慎重，不可盲目多元化，否则企业就必须为此而付出不菲的代价。

文化产业品牌营销方法很多，尤其要善于运用文化要素。这方面案例很多，比如韩国济州岛的旅游业者无论如何也不会想到，这个小小的岛屿会因为一对少男少女的初恋而闻名。这对来自电视剧《冬季恋歌》的名叫“姜俊相”和“郑维真”的少男少女曾经在这里的林阴大道上漫步，凄美的爱情故事在让无数人落泪的同时也带动了当地的旅游和商业。韩国旅游局很快注意到了这一点，他们开始利用影视剧做文章。这一招对年轻人尤其有效。根据不完全统计，20 至 30 岁左右的赴韩中国游客中，至少有 50% 以上是受到韩剧文化营销影响。我国黑龙江抚远县的乌苏镇位于中国的最东端。从地球经度上看，它是中国疆域的最东端，是国人每天早晨最早迎来“太阳升起”的地方，故号称“东方第一镇”。因此，那里的“第一缕阳光”成为旅游的最大亮点。目前，乌苏镇已成为重要的旅游景区，吸引了大量国内外游客，极大地推动了旅游经济的发展，目前，县委、县政府已规划出占地 18 公顷的东极天涯陆角旅游风景区，并将恢复乌苏古镇。其实，第一缕阳光与其他阳光没有本质区别，但其独特意义却成为旅游营销的卖点。

（原题“品牌不能盲目多元化”，《中国文化报》，2013 年 5 月 25 日）

遵循文化产业特性实现商业模式创新

有人盘点中国改革开放30年的10大暴利机会，其中有20世纪80年代中办乡镇企业、90年代初买股票、90年代末投资互联网、90年代末开始买房。那么当今时代做什么最赚钱？显而易见是文化产业。作为一种新的商业形态，文化产业的一大特征是高收益。拿最近的电影《泰囧》来说，其成本仅为约2000万元，票房收入却达到13亿元，仅次于《阿凡达》在中国创下的14亿元纪录。当然，文化产业也是高风险行业，冯小刚的《1942》就亏了3亿元（包括华谊股票大跌）。那么如何才能实现高有益，又规避风险？最重要的就是遵循文化产业自己的特性进行商业模式创新。

一、文化产业是体验经济，要摸清人们吃喝玩乐的规律

文化产业是玩的经济，说的文雅一点就是休闲娱乐产业。因此，要研究人们吃喝玩乐的规律与心理。过去中国人习惯做苦行僧，这也是中国消费不足的一个原因。实际上玩是有价值的，是有意义的，它能让人放松愉悦。生活品质提高的标志是什么？休闲时间的增加，休闲内容的丰富。随着生活水平的提高，人们的精神文化消费需求呈巨量增长，消费形式也要求多样化。

休闲娱乐注重的是体验，因此文化产业也是体验经济。而活动经济是发展体验经济的重要模式。也就是人为的创意、设计及组织各种活动（演出、展览、论坛、体育、节庆等），以及通过上述活动带来经济上的收益。奥运会、世博会、汽车展、足球世界杯、图书展、嘉年华等等，都是活动经济的典型代表。

值得注意的一点是，形而上的文化、深层次的文化很难产业化，因为这类文化的消费群体很小。而文化产业基本属于浅层次的文化、大众文化，比如游戏就是没有深度的文化消费，很多人觉得这种东西是浪费时间，但它的确能给人带来快乐，快乐是很简单的事情，追求心情愉悦是人的一种重要需要。

我们说美国的迪斯尼，它就是玩的产业，这种玩带来的却是丰厚的盈利。为什么？因为它符合人们玩乐的特点和规律，背后遵循的是文化市场的规则，是文化产业的商业法则。主题公园、游戏产业、影视产业等其实都要认真研究大众的消费心理需求，研究文化产业的特殊运行规律，发现人们现实的、潜在的文化需求，并自觉创造文化需求。

二、文化产业是规模经济，要通过标准化实现规模扩张

规模经济又称“规模利益”，是由于生产专业化水平的提高等原因，使企业的单位成本下降，从而形成企业的长期平均成本随着产量的增加而递减的经济。文化产业具有典型的规模经济特征，尽管原创文化产品的初始投入成本高，但复制、生产、传播、衍生开发等后续的价值延伸增值的成本却很低。

文化产业要产生规模收益，就要实现产品和服务的标准化、可复制化。中国的餐饮可谓博大精深，世界闻名，却没有一家麦当劳、肯德基这样的巨型企业。为什么？就是没有实现标准化，规模无法扩张。

麦当劳手册内容十分细致，它的连锁经营有四个特点：标准化、单纯化、统一化、专业化。标准化要求连锁店在店名、店貌、设备、商品、服务等方面，完全符合总部制定的规则。单纯化要求连锁店各个岗位、各个工序、各个环节运作时，尽可能做到简单化、模式化、从而减少人为因素对日常经营的影响。统一化要求连锁店在经营过程中，将广告宣传、信息收集、员工培训、管理经营方针等做到协调一致，整齐划一。专业化要求连锁店将决策、采购、配送、销售等环节统统细化，不同职能截然分开。

三、文化产业是范围经济，要打造完善的产业链

范围经济指由企业的范围而非规模带来的经济，只要把两种或更多的产品合并在一起生产比分开来生产的成本要低，就会存在范围经济。文化产业可以盘活相关产业，带动周边经济，如酒店、餐饮、交通、艺术品等等实现价值增值，形成产业价值链。因此，具有明显的范围经济特征。

我国文化产业的一个弱点就是小散乱，其实，小打小闹，是做不大文化产业的，要把小的文化经济活动集聚起来，根据需求打造产业链。比如旅游业由100多个相关行业构成的，要把这些行业整合起来，才能实现产业化。产业链的一大功能是可以实现价值增值。比如，链式组群形成文化生态链可以实现一种价值的轮次提升，迪士尼的产业链就是这样的方式。它最早是动画制作，销售仅完成成本回收，第二轮是迪士尼乐园每一元门票带动八元的消费，到了第三轮现在是品牌授权和连年经营占盈利的40%。实际上香港迪士尼也好，上海迪士尼也好，我们的投入和我们的股份是不成正比的，但是因为这个品牌太好了，而其品牌的内在力量就是产业链的效应。

四、文化产业是创意经济，要真正提高创新力

创意是文化产业的核心要素，文化产业是创意为王的产业。但是这种创意必须是具有商业价值的创意，必须符合市场需求。这与技术创新类似。从世界各大创新中心经验看，它们的创新都是瞄准市场最新需求、巨量需求的创新，是以市场为主导、以企业为主体的，真正成为了创新与应用转化的先导基地。硅谷的经验是，不能应用、不能带来经济效益的创新并不被看好和重视。因此，创新的标准不是看其是否新颖，也不是高精尖，而主要看其是否有商业价值，是否能运用于经济和产业。造成中国创新不足的一大症结就是缺乏以经济效益和商业价值为中心的思维和思路。基础性创新是必须的，主要应由国家研究机构完成，更多的创新应由企业来进行，企业一线的创新更应得到最大的鼓励与支持。我国的创新资源不少，但基本是束之高阁。没有应用价值、没有市场前景的创新只能是“屠龙术”。所以，要树立创新服务于产业发展的理念，使更多的创新资源转向企业，实现创新模式的深度转型。文化产业的创意创新也是如此，它需要的创新不一定需要具有多深厚的美学的底蕴，但一定能产业化。

有时甚至没有什么文化，也能把文化产业做的很好。文化资源多少有无不重要，比如，新加坡圣淘沙就是人造的景点。文化产业在很大程度上就是“无中生有”。《阿凡达》中的一切，现实中根本就是不

存在的，但取得了巨大成功，完全就是靠“无中生有”的创意，哈利波特也是这样的。其实，人们的精神世界需要的是一种合理的、美好的幻象。

中国文化产业的一大软肋就是普遍缺乏核心动力，即创新力或创意力。而且人们还没有下大力气采取举措改善这个关键环节。创意或创新是文化产业的核心要素，创意不能得到激活，文化产业的发展活力必然受到极大抑制，也就只能停留在传统文化产业的水准，不能实现现代文化产业应有的高收益，也无法确立其在整个产业体系应有的地位。中国与西方发达国家从历史、文化到体制和社会结构等都有差异，其中的一些差异使我国文化企业“创新”不够，少有“颠覆性”产品出现。要借鉴西方发达国家经验，在各个环节上大力促生社会整体、特别是文化产业层面的创意与创新能力。

五、文化产业是审美经济，更要注重品牌培育

品牌培育与营销是文化产业制胜的利器。那么什么是品牌？品牌可以做什么？简单的说，品牌就是一个故事，这个故事家喻户晓。品牌可以让每一个听故事的人，用心与你交流。品牌是制造出来的美好概念、感觉，放到人的头脑中、让人接受的东西。这种制造过程就是品牌培育与营销，从而形成产品的标志性品质。营销大师菲利普科勒说过：星巴克卖的不是咖啡，是休闲。哈根达斯（Haagen－Dazs）卖的不是冰淇淋，而是对生活的梦想。“爱她，就带她去吃哈根达斯”。法拉利卖的不是跑车，卖的是一种近似疯狂的驾驶快感和高贵。劳力士卖的不是表，是奢侈的感觉和自信。希尔顿卖的不是酒店，是舒适与安心。麦肯锡卖的不是数据，是权威与专业。

目前，我国文化品牌培育方式还比较简单，很多是泛滥的广告，其效果可想而知。比如，“大美长白山，休闲养生地”。听着不错，但仅仅靠这种口号式的广告是远远不够的。长白山文化真正的特色是什么，真正吸引人的地方是什么，真正具有商业价值的是什么？要把核心的东西突出出来，进行系统化的培育和营销，带动其他产品和服务。

要对产品进行科学定位，产品的消费群体是哪些？吸引点是什么？

比如，文化旅游容易定位附近人群、本地游客，其实是一种误区，地方的消费力是有限的。有的地方弄个山神节、桃花节，自弹自唱、自娱自乐。赚钱就要赚有钱人的钱，要定位高端群体，打造高端旅游目的地，要有国际化视野，做世界品牌，面向全国、面向世界。然后做好产业链。

要采用营销方法，提高地方美誉度。国外国家营销的案例很多。比如韩国济州岛的旅游业者无论如何也不会想到，这个小小的岛屿会因为一对少男少女的初恋而闻名。这对来自电视剧《冬季恋歌》的名叫“姜俊相”和“郑维真”的少男少女曾经在这里的林阴大道上漫步，凄美的爱情故事在让无数人落泪的同时也带动了当地的旅游和商业。韩国旅游局很快注意到了这一点，他们开始利用影视剧做文章。这一招对年轻人尤其有效。根据不完全统计，20 多岁至 30 多岁的赴韩中国游客中，至少有 50% 以上是受到韩剧文化营销影响。新西兰，迄今为止，新西兰最著名的电影非《指环王》三部曲莫属，该片是由新西兰导演彼特·杰克逊执导。杰克逊还在惠灵顿设立了威塔工作室。因此，许多海外的电影和电视制作人纷纷看到了在新西兰拍片的强大优势。电影一度成为其向世人展示和营销国家形象的最好方式之一。

（《中国文化产业》，2013 年第 4 期）

商业创意有时比文化资源更重要

在一些发达国家，文化创意产业自20世纪50年代就开始快速发展。1998年，国家文化部成立文化产业司，标志着我国文化产业发展“从自发到自觉”。所以，在我国，文化创意产业还是一个比较新的话题。另外，文化创意产业属于高端新兴产业，基本上是发达经济的产物，在我国一些不发达地区，它更是处于刚刚起步阶段。以上情况，再加上文化创意产业本身具有的复杂性，使人们对它产生不少认识误区。其中一大误区就是把文化创意产业与文化混淆起来。

文化创意产业的本质在于创意与产业，而不是文化，因而文化也不是文化创意产业的核心要素。去年有个很不错的电视剧，范伟主演的《老大的幸福》，里面有段台词我印象很深，做演员的老三排戏时受了委屈，于是抱怨到：我一直以为我在玩艺术，结果发现我是被艺术玩，电影就不是什么艺术，它就是工业，就是商业，就是制造。在一定意义上，他说的没有错，文化创意产业就是文化商业。

文化创意产业需要文化内容，但并不是所有的文化都能产业化，也不是所有的文化都需要产业化。实际上，大部分文化不能产业化。比如很多深层次的意识形态、核心价值理念的东西，还有一些非常高雅的艺术，是很难产业化的，而浅层次文化、大众消费文化一般容易做成文化创意产业。

更为重要的是，文化要成为产业，要赚钱盈利，最重要的是创意，是把文化转换为文化商业的创意。我们与一些地方政府领导接触，他们的认识还很模糊，基本是自己从文化创意产业的概念的自我揣测出来的。所以，他们总是把地方历史文化资源看做发展文化创意产业的宝贝资源。一些地方政府常常为本地没有历史文化资源发愁，他们认为这些是发展文化产业的根本，其实是一种重大误解。美国只有200年的历史，能有什么文化，但不妨碍它成为世界第一文化产业强国，新加坡建国才几十年，它的文化产业比很多文化资源丰富的国家做得都好。所以，文化产业与历史文化资源的多寡没有太多关系。

尤其应该看到，当代文化创意产业发展最快的、最有前景的是科技与文化融合的产业。二者融合的新业态日益成为引领未来发展的核心支柱产业。比如数字内容产业、网络游戏、新媒体等。

在经济学里，有一个观点，资源丰富并不能构成竞争力的源泉，却常常会使一个国家坐吃山空并丧失创新动力，而资源匮乏却会逼迫一个国家不断创新，形成真正的竞争力，比如日本、瑞士没有什么资源，却成为世界经济翘楚。

因此，文化创意产业最重要的是商业创意创新。创意比文化更管用。文化产业的一大原则是“无中生有”，湖南在媒体及文化资源上并无优势，但湖南卫视却成为中国媒体业的领军者，就是它的创意好，敢于创新。

当然，文化产业需要的创意是商业创意，所以这种创意不是天马行空，是遵循文化商业法则的。阿凡达是无中生有，但它运用现代科技，抓住了人们的心理需求，所以赚了 19 亿；哈利波特是无中生有，它生的扣人心弦，并运用商业化手段，形成了巨大的产业。再如，黑龙江抚远县的乌苏镇是国人最早迎来“太阳升起”的地方。那里的“第一缕阳光”成为旅游的最大亮点。目前，该镇已成为重要的旅游景区，极大地推动了旅游经济发展。其实，第一缕阳光与其他阳光没有本质区别，其独特意义就是一种无中生有，却成为旅游营销的卖点。

商业创意不一定需要高深的文化。一些企业家说，我文化水平不高，也不太懂文化，所以我做不了文化企业。其实，这种观念是不对的。文化创意企业家最关键的是懂投资、懂市场。成功的文化企业家大多不是文学家、艺术家。比如，王健林原来主要做房地产，现在进军文化产业，也很成功。2012 年 8 月，万达收购美国排名第二院线公司 AMC，成为世界最大电影院线运营商。万达文化产业集团成为中国文化产业最大的企业，2012 年它的总体文化收益超过 200 亿。万达的法则方向是，2020 年彻底转型，届时来自房地产的收入要低于 50%，文化旅游则为支柱产业。再比如，禅茶堂集团，他的老总不是僧人，也不是宗教专家，但他们却利用各地的禅寺，实现了每天 30 万元的盈利。所以，文化和文化产业是两个系统、遵循的是两套运行规则。

（《文化月刊》，2013 年 6 月）

创意让音乐如此美妙

2013年伊始，湖南卫视“中国首档顶尖歌手音乐对决真人秀”《我是歌手》一夕爆红。一位两度现场观摩录制的资深电视记者评价《我是歌手》是“目前最顶级的音乐节目，没有之一”。

与很多人一样，我对电视节目也产生了习惯性审美疲劳，但无意中看到“我是歌手”后，就按耐不住全部一口气看完了。和许多人一样，我也不禁发出“震撼”“太美了”这样的感叹，不时眼角湿润。但除感动之外，我还突然产生了一种念头，人世间原来还有那么美的东西，这种美是生命存活的重要理由，它让人心悸，令人陶醉，使人忘记人世的缺憾和丑恶。其实，生命存在的最高理由是“真善美”。也有人为真善美去死，美国伟大的诗人艾米莉·迪金森在“我为美而死去”这首诗中就表达了为美和真而献身的信念。

为什么一档节目能给人这么深的感受？这是音乐做到极致带来的境界，这是一群用生命在歌唱的人、一群音乐的“疯子”最真实最用心的展示带给人的感受。很显然，“我是歌手”是多种独特创意元素的融合，它最大限度地利用了电视媒体的特点和优势，把音乐玩到极致，把经典细细演绎，把你的情绪调到最高。

一、高手pk带来超强竞技性

曾负责《美国偶像》节目制作的资深制作人肯·沃里克表示：“差异化的明星PK模式能带给观众更多新鲜感，知名歌手的演出对于节目质量也是保证。”与其他新手选拔竞技不同，这个节目是职业歌手的同台竞赛，热爱音乐的歌手们，终于等到一个值得认真对待的舞台，他们赌上资历名声，卖命歌唱，爽了自己，也娱乐了听众。可能观众已经习惯了他们在舞台上轻松自若的表演，但这种关系到面子问题的比赛，每位歌手都要拿出必杀技，而且不能出任何错漏，也不能重录。虽然每位歌手都说即使淘汰也不丢脸，但紧张的气氛却是从一开始一直延续到最后一刻。更扣人心弦的是，这些歌手的最终名次。其实，你也许已经有了自己的排名，但肯定想印证一下。

二、全程自然呈现带来立体艺术享受

整个竞技的前后过程、细节，都以自然的状态展示给人们，包括歌手对歌曲的选择、改编、排练、评价，让人跟着音乐人去享受音乐。歌手是他们的称呼，实际上他们都是音乐家，对音乐有多方面的造诣，而平时我们只能单纯欣赏他们的作品，无法真切的了解背后他们对每个作品的独具匠心。此外，节目由歌者自己主持，他们虽然没有专业主持人的纯熟技巧，但音乐人自己对音乐的诠释更有风味。他们带你深度理解音乐，领略艺术的魅力。节目空挡，更有音乐评论家的专业点评。这实际上是观者全程参与了其中。

节目选择的经典曲目还带给你一种深深的音乐情怀。这里引用一个观众的感受。“在我目不转睛的过程里，眼睛几次湿润，心脏几次怦然而动。一点点回忆，一波波感动，那种感觉就像做了一场情节曲折、结局完美的梦，不愿醒来。我不想评论他们在当今歌坛的实力和地位，我只想说她们的歌见证了我的青春。也许正因如此，他们于我具有不同的意义。沙宝亮说没有今天他唱的一曲《飘》就没有后来的《暗香》，尚雯婕说六年前她唱着齐秦的《夜夜夜夜》登上超女的冠军宝座，黄绮珊说告别歌坛十年她通过这一首《等待》学会了平静接受一切。这一首首歌，不仅仅是歌。它们是经历，是磨折，是感悟，更是纪念。这些唱着歌的人们都不再年轻，就如同听着歌长大的我们，已告别了青春。那么今天与这些音乐的再次重逢，就像是一场聚会，一次回味，一个和曾经的自己的约会。还有黄贯中，我必须单独讲到他。也许他不是最棒的歌手，可是如果有一首歌能只用三个字就唱哭我的也只有《海阔天空》了。永远的BEYOND，永远的摇滚，永远的粤语神话。这不是简单的一首歌，是一代人，不，几代人最励志的正能量，是我的精神图腾。”

三、真人秀带来的超强现场感

肯·沃里克认为：“所谓真人秀节目有一个最核心的要点：将

'真人'关在一个封闭空间里，通过节目流程的设计，让舞台有着高度的仪式感，使'真人'在心理上认为登上这个舞台是生命中非常神圣的一件事情，把他各方面的情绪'逼'到一个最角落的地方，让他爆发内心最真实的情感。"

"我是歌手"具有十足的真人秀味道，歌手们接受任务时心理上的微妙变化，歌手之间对于现场发挥真性情的"调侃挤对"，笑星经纪人互相打探敌情乃至口头掐架，所有参赛者的个性被表现得淋漓尽致。

李维嘉、吴昕、杜海涛、YoYo、李锐、张大大摇身变经纪人很抢戏。他们要分别拿出各自的资源为自己的歌手说话、争夺资源、选歌等等。所以，不仅台上的明星紧张 PK，台下的经纪人也要跟着一起紧张，甚至争得头破血流。

四、顶级音乐人带来顶级制作

除了顶级职业歌手参加，这个节目的音乐总监梁翘柏，是 20 世纪 80 年代香港乐团浮世绘的灵魂人物，在幕后，他是王菲、陈奕迅、周笔畅、容祖儿、陈慧琳、许志安、蔡琴、陈坤、李克勤、卢巧音、何洁、李霄云等歌手的唱片监制、作曲与编曲人。此外，一流乐手、顶级乐队的现场演绎、一流的舞台设计等无不给人非凡的艺术震撼。

五、资深粉丝做评委独具匠心

精心筛选产生的有 5 个年代 500 位具有音乐专业素养的大众组成的评审一改专业人士做评委的做法，歌手比赛，观众打分，这才是真正的草根逆袭。这些痴迷的资深粉丝给现场增加了浓烈的气氛。

（《中国文化报》，2013 年 3 月 23 日）

报业入股银行 创文化产业投融资新模式

——河南日报报业集团成为信阳银行第一大股东

2012年10月16日，河南日报报业集团战略投资信阳银行签约仪式在郑州举行。河南日报报业集团将对信阳银行股份有限公司增资入股约4.4亿元，占20%股权，成为信阳银行第一大股东。消息一出，在全国文化界、金融业内引发热烈反响。报业集团如此深度“试水”资本市场，无疑是文化产业发展的一种重大模式创新，它推动了文化产业和金融资本的有效对接，实现了共赢发展，其催发的巨大经济效应值得关注和深思。

一、文化与金融对接，可以快速提升文化企业实力，为打造区域文化航母提供动力支持

河南日报报业集团是河南省新闻宣传主阵地、主渠道。集团拥有十报两刊三网站，以及21家经营性公司。目前，媒体建设涵盖纸质媒体、网络媒体、移动媒体、户外媒体等，产业涵盖广告、发行、图书、酒店、地产、物贸、高校、物流等多个领域。2011年集团完成经营收入18亿元，实现利润两亿多元，目前集团资产总额超过20亿元，已成为我国最具实力的省级报业集团之一，因此，具备了实现运用资本撬动发展的实力。

省政府金融办主任孙新雷认为，“文化必须进入经济建设的‘主战场’，才会有持续发展的力量。”报业集团成为信阳银行的第一大股东，依托金融资本，不仅可以为企业规模扩张、打造区域文化产业航母提供有力的资金支持，而且有利于调整集团产业结构，创新国有企业投融资模式，壮大集团实力，增强抵御风险的能力，深入推进文化企业改革发展，更好地实现国有资产的保值增值。

二、有利于信阳银行优化股权结构，打造文化金融品牌影响力

信阳银行是在原信阳市城市信用社的基础上通过改制成立的。

2012年4月，在第八届中国金融（专家）年会上，信阳银行被评为“2011年最具品牌竞争力小企业服务银行”。此次河南日报报业集团的入股，凭借其独特的资源优势，以及在全国传媒的影响力，不仅能够带给信阳银行资金的增加，而且能够带动信阳银行提升经营理念、扩大经营思路。同时，河南日报报业集团成为信阳银行第一大股东，可以优化信阳银行股权结构，进一步拓展金融机构的内涵与特色，有利于信阳银行跨地域发展。

河南银监局局长李伏安把报业集团的入股比作信阳银行发展过程中的一次“涅槃”，通过两种资源的融合，把信阳银行打造成一个有影响力的品牌，进一步吸引全国、乃至全世界的优秀资源、战略投资者再继续投资信阳银行，双方共同通过股东结构改善带动银行业务提升，取得新优势。不断引进新的战略投资者，组成更优化的股东结构；引入更国际化的、有过大银行管理经验的管理团队、管理理念，成为一个支持文化产业的专业银行，走出特色鲜明的发展之路；然后到国内外去上市，成为上市的文化产业银行。

三、借力文化发展历史机遇，助推河南文化产业大发展

文化产业是以文化艺术与经济科技的全面结合为特点的跨行业跨领域的新型产业，大力发展文化产业是培育新的经济增长点和扩大内需的重要内容。十七届六中全会站在国家发展全局的高度，对推动文化产业成为国民经济支柱性产业这一重大战略做了全面部署。因此，文化产业正面临着大发展的历史机遇，金融业在我国文化产业发展中必将大有可为。

河南是历史大省、文化大省，底蕴深厚、资源宝贵，具有发展文化产业的优越条件，当前正处于文化产业发展的重要战略机遇期。在支持文化产业发展上，信阳银行如果能做一些探索与尝试，走出新路子、新模式，与河南日报报业集团通力合作，更深入的挖掘河南文化产业发展的潜力，将对河南文化发展、中原经济区建设乃至华夏历史文明传承创新发挥独特作用。

此次河南日报报业集团入股信阳银行，是文化产业与金融业结合

的典型案例，也成为2012年文化产业发展上的一个重大事件，必将对今后文化产业与金融业的进一步携手合作带来示范效应。

（《中国文化报》，2012年10月27日）

文化品牌保护助力文化产业健康发展

2012年10月23日，北京市工商局宣布，关于支持文化产业创新发展的23条工作意见将于11月19日起在全市正式施行。意见提出，要支持文化品牌建设，支持“老字号”企业和知名文化企业、事业单位的发展；经市级以上文化部门确认的名家名人可以申请对其姓名、族名予以保护；大专院校可以申请保护本院校的名称和简称；对公共历史文化资源性商标和文化集团母公司名称等进行全行业保护等。

近年来，我国各地针对文化产业发展已经出台了一系列的政策，但在保护知识产权、放宽市场准入等方面落实不够，对文化品牌建设缺乏重视，致使出现了诸多的文化品牌受损现象。打着名人、“老字号”等旗号，但实与上述事物无涉的各种商业活动比比皆是；一些“老字号”品牌被别有用心的人“贴牌”“冒牌”“仿牌”经营；一些曾经小有名气的地方文化品牌，由于经营不善、缺乏品牌意识等原因逐渐销声匿迹。而更为普遍的是各种文化品牌商标在国际范围内被抢注的现象，除文化名人姓名被频频抢注外，一些著名旅游文化景点，如少林寺、云台山、清明上河园等知名的旅游景点均被抢注；一些“老字号”品牌在国外被抢注的现象更是屡见不鲜，如北京酱菜老字号品牌“六必居”在加拿大被抢注，百年老字号“同仁堂”在日本被抢注，西游记、水浒传、三国志等中国古典名著，均已被国外游戏公司抢注为游戏商标。更令人痛心疾首的是，我国的端午节被韩国以江陵端午祭申遗成功，并蓄意将书法如法炮制地改为“书艺”申遗，与抢注商标如出一辙。

随着文化产业的迅速发展，文化品牌保护的作用日益重要，而此次北京市出台的支持文化产业创新发展的23条工作意见中，有7条是关于文化品牌保护的，更加凸显了文化品牌保护的重要性。

文化品牌是引发消费者共鸣和推动文化企业价值取向的催化剂，是以刺激与品牌内容相联系的情感认同，从而达到梳理文化企业形象，甚至是产业形象的重要无形资产；而一个城市和国家的公共文化品牌，如“少林文化”、“中医文化”、各历史遗迹、著名风景名胜等更是不可复制、无法再生的独特资源，其价值是无法用金钱来衡量的。品牌的核心是商标，将本应属于社会公共文化资源的历史遗迹、风景名胜等的名称注册为商标，以期达到占有该名称无形商业价值的目的，给国家、公共无形资产造成了极大的损失。

此外，根据《商标法》，只要不违反国家有关规定，任何人都可以申请注册商标，实行申请在先原则。因此，商标一旦被抢注，被抢注者将面临三种选择：放弃商标的所有权；花巨资买回商标所有权；向商标权利人每年交纳许可使用费。抢注商标不仅给被抢注者带来极大的损失，而且其品牌形象也难以保障，甚至被丑化，如重庆“仙女山”就被注册为兽药商标，鲁迅作品中的“祥林嫂”则成为了洗浴中心的招牌。

出现上述问题的原因，主要在于文化企业品牌保护意识淡薄，商标注册多元发展不足，品牌法律保护、社会保护力度不足等。此次北京市出台的23条政策中提出对文化集团母公司名称进行全行业保护，即本市任何企业和个体经营者，都不得再使用与之相同的名称，防止“傍名牌”现象的发生。这一举措为文化产业品牌保护提供了重要的政策支持，除了在北京市实施之外，也应当在全国范围内予以推广，保护的对象也应当包括“老字号”、历史遗产、名胜景区等。

除此之外，从政府的角度来看，尽快制定一套统一的保护“老字号”、知名文化企业、历史遗产、文化名人等的法律、法规，加大制止和打击非法抢注、假冒伪劣等的处罚力度，为文化产业营造公平公正的竞争环境；加强对文化企业进行品牌保护的业务指导，提升其商标、域名注册的效能；努力搭建多元服务平台，通过建立品牌保护推进机构和协调机制，特别是对文化企业给予政策倾斜或资金支持等，鼓励其进行商标、域名注册等品牌保护活动。

从文化企业自身的角度来看，除了要加强对品牌保护的认知度、关注度，提高品牌保护的意识外，还应当采取法律手段，加快对商标、域名进行注册，并重视商标保护的国际惯例；要加大品牌、产品宣传，通过包装、防伪技术等与众多同类产品、相似及假冒产品区别开来，提高消费者对产品的认知。

从社会的角度来看，应当为老字号企业创造良好的社会环境。具体包括媒体方面的协助，对文化企业品牌的产品技术改造、管理创新、文化建设等进行宣传；利用12315申诉举报平台，化解侵权纠纷，掌握动态信息，构建安全放心的文化产品消费环境；鼓励消费者通过市场调查、意见箱、有奖举报等渠道加入到保护文化品牌保护的行列中来。

（《中国文化报》，2013年3月30日）

“大黄鸭”有什么？

2013年5月2日，一只巨型黄色橡皮鸭出现在香港维多利亚港湾，一时间风靡香港，无数人前去围观，众多明星也纷纷捧场。刘德华、彭浩翔、杜汶泽、余文乐、万绮雯、官恩娜、何韵诗都亲自到现场合影留念，导演彭浩翔为了大黄鸭，更是带着《飞虎出征》的演员穿上飞虎战衣配枪支持。据悉已经有超过30万人奔赴维多利亚港看这只鸭子。那么，这只鸭子有什么来头？它是荷兰艺术家霍夫曼的原创设计，截止到2013年6月，已经在包括澳大利亚、美国、新西兰、德国等11个国家的14个城市展览，所到之处都能引起轰动。那么我们不禁要问，一个看起来很普通的造型，为什么会这么红？它背后有什么独特创意？

首先，这只大黄鸭最核心的创意点，是抓住了我们每个人都有的童心向往。这是一个可以引发集体“忆童年”思维的创意，足以触及到每个人的心灵深处。借用前阵子上映的一部电影名《致我们终将失去的青春》，这种现象可以叫做“致我们终将失去的童年”。其实，童年的很多记忆是人生最美的片段，现在网上有一组流行的图片，就是我们小时候玩过的很多玩具。今年六一儿童节，我看到一条新闻，题目是“成人蹭过六一忆童年”，内容包括成人购买怀旧玩具，加入节日狂欢。社会学家对此解释到，对童年的追忆，可以释放压力、唤起心底对真善美的信仰。因此，大黄鸭成功的关键在于它拨弄了我们内心深处的那根回忆童年的琴弦。

其次，它是世界上迄今为止最大的大黄鸭。最大的、第一的事物容易引起人们关注，第二就不容易。比如，世界冠军人们都能记住，但亚军一般大家不知道。从艺术与公共空间的关系看，大的雕塑能改变人们对环境的观察和思考。大黄鸭的个头绝对超级大。香港大黄鸭的造型高16.5米、重600公斤，尺寸为16.5×20×32米。它由3名工人花费3周时间缝合完成，需要4个充气机工作半小时才能完成充气。在大黄鸭面前，沿岸几十层高的建筑群，被衬托成“玩具模型”。最重要的是，在这个大家伙面前，大家同样都会显得很渺小，它令人与人之间的关系变得平等了。霍夫曼自己解释说，大黄鸭出现在维多利亚港湾，就像是放进了一个浴缸中，这样一来整个城市就成为一个大房子，拉近了人与人之间的距离，所有香港人都成为一家人。

第三，大黄鸭背后有一个迷人的故事。1992 年一艘从中国出发的货轮，打算穿越太平洋抵达美国华盛顿州的塔科马港，但途中遇到强风暴，一个装满 2.9 万只浴盆玩具的货柜坠入大海并破裂，这些浴盆玩具大部分是黄色充气橡皮鸭，形成了一支庞大的“鸭子舰队”。这些小东西用微弱的浮力与坚忍的耐受力，在无边无际的大洋里，历时 15 年历经万难最终登陆英国、美国，这一路充满了各种奇妙经历，颇有美丽童话故事的意味。这种经历不光感动了世界各地的“追鸭粉丝”，也激发了霍夫曼的创作灵感。15 年漂流故事背后有着不可思议的乐趣与令人钦佩的勇气，霍夫曼认为这几乎可以把发现新大陆的哥伦布比下去，于是他在 2007 年创作了首只“大黄鸭”。

第四，这只大黄鸭是一个简单而质朴的艺术品。其实，不管什么艺术形式，能够打动人的情感的往往是最质朴、最简单的东西。对于大黄鸭来说，它没有地域限制，大家都不陌生，因此能走向世界，让人们获得简单的快乐。

第五，作者是世界知名的雕塑艺术家。这只大黄鸭的作者霍夫曼是世界知名艺术家，所以，这只大黄鸭本身具有很高的艺术价值，它不同于其他一般艺术品。

（《中国文化报》，2013 年 6 月 15 日）

四、体制政策

如何看待文化产业发展中的政府作用

文化产业作为朝阳产业的美好前景及国家重大政策利好使之成为各地竞相发展的兴奋点，这里并不想给文化产业泼冷水，但对于各地文化产业发展过程违背基本经济法则，违背文化产业成长规律的触目惊心的现象，我想一吐为快，以期引起各方的高度警觉。

文化产业发展中最令人担忧的是脱离国情、违背群众意愿、遍地开花的文化项目、文化园区、冠以各种名目的艺术馆、博物馆等。一项统计表显示，目前全国大小的文化产业园超万家，同质化倾向严重。这些项目动辄上亿甚至几十亿，这其中有的项目是必要的，但很多并没有经过论证和市场调研，还有许多项目是“挂羊头卖狗肉”，或者以文化之名行房地产开发之实。据业内人士透露，目前全国的文化产业园90%是不盈利的，一批“投资大、占地多、名头响”的项目或园区经营惨淡，有的还未建好，已经夭折。

其实，大造文化工程，一定程度上说是中国发展饥渴带来的一种后患。过去一些年全国上下的GDP热，使许多有价值的文化遗存荡然无存，现如今，文化产业的热潮又促使人们大兴土木，人造文化工程在中华大地遍地开花，这岂不可悲？几年后，这些没有进行科学论证、单靠领导拍脑袋拍出来的文化形象工程的下场又将如何呢？也许是被人冷落，或者是被拆除。

那么，如何看待文化产业发展中的政府作用呢？首先要分清文化包含的内容。文化可分为公共文化与文化产业。公共文化属于公共产品与服务的范畴，其特点是具有非竞争性与非排他性，容易出现市场失灵，因此，主要应由政府来提供与承担。此外，文化产业作为经济领域的一部分，虽然应主要由市场调节，但是由于文化产业属于新兴产业或者幼稚产业，需要政府的大力扶持，特别是对于发展中国家。但是，这并不意味着政府可以对文化产业大包大揽，不尊重文化产业发展的规律，而是应以科学的方式推动文化产业发展，做到到位而不越位。

实践证明，政府大量投身于微观项目运作的思路和方法是有问题的，根据现代政府的职能与文化产业的基本特征，政府在发展文化产业中要定位于加强规划、培育环境，制定政策，注重引导，为产业发展提供动力、支持与保障。主要包括：

一是提供基础设施。创建和维护使人民文化生活繁荣的环境，是政府的一项基本功能。这项职能是由公共部门提供有形和无形的基础设施而形成的，这些文化基础设施既要能保护和促进公共利益，又能促进市场有效运作。对于发展中国家，新兴文化创意产业在价值链的各个环节都需要基础设施，尤其需要的是信息与通信技术（ICT)。政府建立文化资产与资源基础，保护和投资文化资本（知识与遗产），是推动文化发展的先决条件。

二是提供财政与投资支持。传统上，政府文化部门的投资和规划主要针对某些项目、机构和大型企业，它们都严重依赖公共激励和资助，现在，政府在为公共文化与文化创意产业提供资金方面，已经超越了仅仅对核心艺术和重大文化活动的关注，扩展到更广泛的领域。

三是改革创新体制机制。在很多发展中国家，一些体制缺陷限制了文化发展。比如北京市，目前文化市场是按部门、行业和区域分割的，使本应完整的文化创意产业链条发生断裂，导致市场配置资源的基础性作用无法得到充分发挥。如动漫游戏业主管部门涉及文化、广电、新闻等多个部门，分头管理，责任分散，缺乏有力的统筹协调机制和平台，难以形成合力，影响和制约了行业发展。

四是健全政策法规。完善的适应国情和国力的政策法规对文化发展具有重要意义。比如知识产权的法律法规、财政金融政策等。

五是支持文化走出去。此外，政府职能还包括建立文化创意集群、提升文化创意企业家能力等等。

（《中国文化报》2013年4月27日）

文化大部制改革思辨

国家新闻出版总署与国家广播电视电影总局合并，迈出了文化管理体制改革的有力一步，但是，由于还存在思想认识与现实利益的阻碍，改革还没有到位。从大的方向看，大部制改革势在必行。

一、“大文化”的概念、内涵与文化管理体制包含的机构、职责

对于文化的含义，学术界有着不同的界定。广义的“文化”范畴，包括教育、科学、文学艺术、新闻出版、广播影视、卫生、体育、文物、图书馆、博物馆等。这里所讨论的“大文化”，主要指由党委宣传部系统、文化文物系统、广播电视系统和新闻出版系统所管辖的文学艺术、新闻出版、广播影视、文物、图书馆、博物馆等事（产）业。

事实上，国家统计局《文化及相关产业分类（2012）》以《国民经济行业分类》（GB/T4754—2011）为基础，规定了我国文化及相关产业的范围，并适用于统计及政策管理中对文化职能活动的分类。该分类指出，文化及相关产业是指为社会公众提供文化产品和文化相关产品的生产活动的集合。根据这一界定，我国文化及相关产业的范围包括：1. 以文化为核心内容，为直接满足人们的精神需要而进行的创作、制造、传播、展示等文化产品（包括货物和服务）的生产活动；2. 为实现文化产品生产所必需的辅助生产活动；3. 作为文化产品实物载体或制作（使用、传播、展示）工具的文化用品的生产活动（包括制造和销售）；4. 为实现文化产品生产所需专用设备的生产活动（包括制造和销售）。

相应地，根据现行政府组织法以及其他相关法律法规的规定，除了作为主管意识形态工作综合职能部门的党委宣传部外，涉及目前大文化领域管理职能的相关政府部门主要包括文化、文物局系统、广播电视局系统、新闻出版局（版权局）系统等三大政府职能与机构系

列。毫无疑问，在宏观文化管理体制领域，最为核心的问题是当前分散于不同政府职能部门的各种大文化管理职能以及作为这些职能载体的政府机构之间的相互整合方式，也就是大文化管理职能与机构整合模式。

二、文化管理体制存在的突出问题

一方面，体制性障碍制约文化产业发展，造成市场体系不够发达。目前文化市场是按部门、行业和区域分割的，使本应完整的文化创意产业链条发生断裂，导致市场配置资源的基础性作用无法得到充分发挥。以新闻出版业为例，虽然部分国有出版机构已经转制成企业，但事业单位的管理模式尚未完全改变，造成管办不分，出版单位缺乏活力和市场敏感性，难以适应市场经济的发展。而对于日趋活跃的民营出版机构，因出版政策和管理方面的原因，目前主要靠购买书号运营，造成其经营行为大多处于灰色状态，不敢浮出水面。又如，动漫游戏业主管部门涉及文化、广电、新闻等多个部门，分头管理，责任分散，缺乏有力的统筹协调机制和平台，难以形成合力，影响和制约了行业发展。

另一方面，现行文化宏观管理体制，造成了多头管理、职责交叉、政出多门的不良管理现象。管理体制不顺，各类资源被分割，使文化企业增加了很多不必要的交易费用，而且，文化企业的经营过程也因此而更容易受到各种因素的干扰，丧失许多竞争取胜的机会，从而降低了经济效益。根据调研，目前海淀区的文化创意产业的管理分散在海淀园、宣传部、文委等不同主管部门。文化创意产业的资源被分割在不同政府主管部门、协会、企业的手中，尚未进行较好整合。首先，海淀园管委会承担着管理6000多家高新技术企业的重任，据了解，海淀区70%固定资产的都属于海淀园，大部分的文化创意产业企业由海淀园统一管理。其次，海淀区促进文化创意产业发展的专项资金在宣传部，宣传部是文化创意产业的主管部门，直接掌握了政策和资金资源。再次，部分传统文化行业的管理资源还集中在海淀文委，如营业性文艺演出团体的管理、演出市场和艺术品市场的管理等。最后，部分资源还分散在各协会手中，由于协会与企业联系紧密，协会对于市场和企业的信息更为关注和了解。从调研的情况来看，海淀区各个部门之间沟通和协作较少，缺乏资源分享的渠道，要么是掌握政策资源而不掌握企业情况，要么是和企业联系紧密而缺乏政策资源；要么资源偏重于技术型企业，要么资源偏重于传统文化类企业。这样的格局虽然能使企业增加更多地享受政府政策的机会，但将直接制约着政府对整个行业情况的了解和快速反应能力，严重影响整个文化创意产业的融合发展。

学界认为，这些问题可能会阻碍社会主义文化发展整体目标的顺利实现。为此，建立大文化政府管理体制，建立协调统一的文化管理与服务政府机构，既可以避免以前因多头管理而造成无人管理的现象，加强文化的生产管理，保证文化产业发展的正确方向，也可以有效解决“五龙治水”的问题，增加文化企业经济效益，同时也有助于建立完善有序公平的文化市场体系。因此，结合十七届六中全会精神与文化管理体制发展现状，实现党委与政府相关职能部门的恰当定位与机构的有机整合，进而实现文化领域公共管理与服务职能的统一化，构建更为协调高效的文化监管与服务体制，是实现社会主义文化大发展大繁荣的基本前提。

三、各地文化管理体制改革的主要实践与经验

以职能与机构整合程度作为指标看，主要有以下几个改革模式类型。一端是以深圳市、杭州市为典型的深度整合型，一端是以沈阳市、重庆市为典型的初步整合型，中间则是以上海市、广州市为代表的渐进过渡型。

（一）深度整合型。深圳市政府设置市文化局（挂市广播电影电视局、市新闻出版局、市文物局的牌子）。相类似地，杭州市政府将原有的文化局、广电局、新闻出版局合并，设立了杭州市文化广电新闻出版局；将原有的文化、广电、新闻出版三支行政执法队伍合并，成立了杭州市文化市场行政执法总队。可以纳入这一改革模式的还包括宁波、温州、珠海、汕头等浙江省以及珠三角地区的沿海经济发达城

市。当然，更为激进的海南省由于在机构设置上更早更深入地实行了大文化管理与体育管理职能的统一，这无疑应算是迄今为止在大文化领域政府职能与机构整合力度最大的地方政府。

（二）初步整合型。这种类型的政府采取了合署办公这一模棱两可的职能与机构整合模式。尽管程度上有所差别，这种改革方式还不能算是真正意义上职能与机构整合。2004 年 11 月，重庆市编制委员会审议决定，重庆市文化局（重庆市文物局）、市广播电视局实行一套班子，合署办公；而重庆市新闻出版局则作为市政府一个职能部门独立行使文化管理职能。沈阳市则相反，该市实现合署办公的是市文化局（市文物局）与市新闻出版局（版权局），其官方组织图表至今依然保持相互独立地位，而沈阳市广播电视局继续作为政府工作部门维持独立运行。

（三）渐进过渡型。2000 年 4 月，原上海市文化局和原上海市广播电影电视局建制撤销，成立上海市文化广播影视管理局。相类似但又有所不同地，大连、秦皇岛、南通等不属于试点改革地区的沿海开放城市则是把新闻出版局与文化局合并，设置市文化局（挂市新闻出版局、版权局的牌子），而广播电视局则作为市政府新闻宣传管理机关和广播电视事业管理机关继续独立存在。

四、构建职能有机统一的文化领域大部门制的思路和措施

（一）厘清政府大文化管理职能。从理论上讲，可以把当前各级政府正在实际运行的各种大文化管理职能划分为文化政治职能（意识形态灌输与社会舆论控制）、文化经济职能（文化产业规划与行业调控、文化市场执法、文化国有资产监管、文化单位微观管理等不同性质职能领域）、文化社会职能（涉及文化事业发展规划，公共文化产品和服务供给与监管，文化事业单位微观管理等不同性质职能领域）三种基本类型。然后，可以再按照这一分类标准对政府的大文化管理职能构成现状进行具体厘清。

（二）有效转变与调整政府大文化管理职能体系。要结合中央政府提出的改革指导思想、原则与任务目标，整体确定各级政府在大文

化管理领域应该承担的总体职能构成，解决政府“管什么”这一基本课题，其中，既要解决政府越位问题，也要解决政府缺位和错位问题。可以说，目前这一课题难以取得进展，正是政府没有制定更为具体、更具有操作性的大文化管理职能与机构改革方案的根源所在。

（三）理顺党政宣传文化管理部门之间职能关系。目前，改革重点的是理顺文化行政管理部门与所属文化企业、事业单位的关系，主要是确立与市场经济体制相适应的政府与企业、政府与社会关系问题。然而，当前最为棘手的是理顺党政宣传文化工作部门之间关系以及政府内部职能部门之间关系问题。对于前者，主要是要解决作为意识形态工作主管部门的党委宣传部门与政府文化行政管理职能部门之间的职责关系问题。在当代中国，在意识形态政治管理职能领域坚持党委宣传部门的领导地位是毋容置疑的，但在文化经济管理和文化社会管理领域是否仍然需要坚持党委宣传部门的直接领导地位却值得考虑。另一方面，即使是在政府内部，是否所有文化管理职能都要由统一的文化职能部门来行使也是个问题。比如说，作为第三产业重要组成部分的文化产业的行业政策规划职能属于行业管理与宏观经济管理职能范畴，根据现行政府职能配置原则，它应该属于发改委等综合经济管理部门的职责范围。而且，根据中央政府有关专业经济部门改革的原则思路，专业经济管理部门属于要撤销的政府职能与工作部门系列。简而言之，根据相关文件的指导思想，专业经济管理职能应该纳入综合经济职能部门。如此，则新成立的政府文化行政管理职能部门主要在于构建公共文化服务与监管体系。

（四）职能调整过程中的部门利益控制问题。在职能尚未厘清的政府大文化管理领域，政治、经济与社会发展等不同公共管理价值目标相交织，其中又往往混杂有不同层级、不同性质的部门利益与个人利益。由此，如何在厘清、理顺这一领域党政部门应该加以维护与实现的不同公共管理价值目标的同时，清理出并制约与防止牵涉其中的各种非公共性价值与利益诉求在改革过程中形成的不当阻力，成为地方政府在进行大文化管理职能与机构整合过程中不得不面临的重要挑战。部门利益的存在及其相互竞争构成了地方政府在大文化管理职能改革过程中的重要阻碍与制约因素。

参考文献：

［1］ 国家统计局：《文化及相关产业分类（2012）》，国家统计局网站。

［2］ 海淀区委宣传部、北京宏道大略管理咨询有限公司：《海淀区“十二五”期间文化大发展大繁荣研究》。

［3］ 陈世香：《地方政府文化管理职能与机构改革模式比较》《武汉科技大学学报（社会科学版）》，2009 年 3 期。

［4］ 郭万超：《北京市文化创意产业亟需解决的关键问题》《看一眼》2012 年第 7 期。

（《文化产业》，2013 年第 8 期）

破除体制之困　建设文化强国

党的十八届三中全会站在新的历史起点上，通过了以“全面深化改革”为主题的富有时代意义的文件，这必将为全面建成小康社会，进而建成富强民主文明和谐的社会主义现代化国家、实现中华民族伟大复兴的中国梦提供持续不断的巨大动力。全会决定也对推进我国文化体制机制创新进行了重大部署。文化体制改革是我国社会主义体制改革的重要组成部分。在改革前一阶段，经济改革首当其冲，社会、文化等领域相对靠后，但随着经济体制改革的逐步深化，文化体制改革必须跟上。文化反映着经济社会发展水平，同时又会对经济社会发展产生重要影响。随着我国经济实力的不断增强，提升文化软实力显得十分迫切，客观上也要求进一步深化文化体制改革，为建设社会主义文化强国释放更大动力。

深化文化体制改革，必须紧紧围绕建设社会主义核心价值体系这个根本。核心价值理念构成一个国家、一个民族文化体系的内核，是支撑国家与文化发展持续的精神力量。它还是一个国家根本利益在文化上的反映，是一个国家解决最为紧要的“国家认同”问题的关键。缺乏国家核心价值理念的感召与凝聚，国家就会处于精神涣散的状态，国家的前途与命运就令人担忧了。我国社会主义核心价值体系既经由历史沉淀、文化传承含蕴了中华民族的优秀传统文化精华，又泽被于时代风华萃取了当代中国社会主义先进文化的核心精神。深化文化体制改革，首要任务就是要在文化多元、思想多样的格局下，使我们的文化制度更加有利于社会主义核心价值体系的构建，更加有利于巩固马克思主义在意识形态领域的指导地位，更加有利于巩固全党全国各族人民团结奋斗的共同思想基础。

深化文化体制改革，必须抓住完善文化管理体制这个关键。经过多年的改革调整，产生于计划体制下的文化管理体制已有很大改观，但还不能完全适应社会主义市场经济条件下文化大发展大繁荣的需要。

现在一些地方政府热衷于亲自办文化，职能转变缓慢，出现越位、缺位、不到位同时并存的现象。比如，现在在全国遍地开花的文化项目、文化园区、冠以各种名目的艺术馆、博物馆等，令人担忧。一项统计表显示，目前全国大小的文化产业园超万家，同质化倾向严重。这些项目动辄上亿甚至几十亿，这其中有的项目是有必要的，但很多并没有经过仔细论证和市场调研，还有许多项目里面什么企业都有，或者以文化之名行房地产开发之实。据业内人士透露，目前全国的文化产业园90%是不盈利的，一批“投资大、占地多、名头响”的项目或园区经营惨淡，有的还未建好，已经夭折。这次全会进一步明确强调了文化管理体制改革的方向要求：“按照政企分开、政事分开原则，推动政府部门由办文化向管文化转变，推动党政部门与其所属的文化企事业单位进一步理顺关系。建立党委和政府监管国有文化资产的管理机构，实行管人管事管资产管导向相统一”。实践证明，政府大量投身于微观项目运作的思路和方法是有问题的，根据现代政府的职能与文化发展的基本规律，政府在文化发展中要定位于加强规划，培育环境，制定政策，注重引导，为产业发展提供动力、支持与保障。

深化文化体制改革，必须着力建立健全“两个体系”这个基本任务。一个是现代文化市场体系，另一个是现代公共文化服务体系。文化基本可分为文化产业与公共文化。文化产业作为经济领域的一部分，虽然应主要应由市场调节，但是由于文化产业属于新兴产业或者幼稚产业，需要政府的大力扶持，特别是对于发展中国家。但是，这并不意味着政府可以对文化产业大包大揽，不尊重文化产业发展的规律，而是应以科学的方式推动文化产业发展，做到到位而不越位。公共文化属于公共产品与服务的范畴，其特点是具有非竞争性与非排他性，容易出现市场失灵，因此，主要应由政府来提供与承担。发展文化市场，重点是着力培育具有竞争力的市场主体，要实现大的文化集团和具有创意的小微企业均衡发展，公有制文化企业与非公有制文化企业发展协调发展；其次还要打破区域、行业、所有制界限，促进文化资源在全国范围内流动；第三是建立多层次文化产品和要素市场，鼓励金融资本、社会资本、文化资源相结合。构建现代公共文化服务体系，一是要促进基本公共文化服务标准化、均等化；二是要特别注意推动文化服务项目与群众文化需求有效对接；三是是要引入竞争机制，推动公共文化服务社会化发展。鼓励社会力量、社会资本参与公共文化服务体系建设，培育文化非营利组织。

全会决定还强调了其他几个重要方面，包括提高文化开放水平；积极吸收借鉴国外一切优秀文化成果，引进有利于我国文化发展的人才、技术、经营管理经验；切实维护国家文化安全。

在全面建设小康社会、实现中华民族伟大复兴的历史进程中，繁荣和发展社会主义先进文化具有全局性战略性的地位和作用。全会决定对文化体制改革的全面部署，必将为社会主义文化强国建设提供新的强大动力。

（原题“全面部署文化体制改革，建设社会主义文化强国”，《党建》2013 年第 12 期）

文化产业税收优惠政策研究

税收是国家文化产业制度的重要组成部分，也是推动文化产业发展的有力武器。由于文化产品具有外部性以及文化产业作为一个高投入、高风险、高产出的行业所显示的特征，在市场存在缺陷的情况下，这种特性使税收政策介入成为有效理由，只要政府干预适当、税收政策设计得当，就能够促进文化产业的发展并低成本地、有效地实现公共政策目标，进而满足人们的精神文化需要。

一、文化产业税收优惠政策的演变及基本构成

我国的文化产业税收优惠政策，既有针对整个产业的，也有针对微观文化市场主体的。从优惠政策的环节看，涉及生产、销售、进出口等；优惠方式包括直接优惠与间接优惠，税率优惠、税基优惠与税额优惠等。优惠税种包括我国现行大多数税种。具体来看，增值税、营业税、企业所得税和个人所得税是影响文化产业发展的最主要税种。房产税、车船使用税、城建税、印花税、土地使用税和教育费附加等几个税费只涉及文化产业的部分行业。下面就文化产业主要税种政策，结合出台背景做简要分析。

（一）文化体制改革第一阶段（2003~2005）文化产业税收政策

自21世纪初以来，我国开始加快推进文化体制改革，中央在战略上、政策上采取了一系列重大措施。2003年7月，中共中央办公厅、国务院办公厅转发《中共中央宣传部、文化部、国家广电总局、新闻出版总署关于文化体制改革试点工作的意见》，对促进文化产业加快发展具有里程碑的意义。21号文件将文化领域的不同行业和单位进行了科学分类，一类是承担党和国家重要宣传任务、政治性较强的公益性文化事业单位。改革的重点是增加投入、转换机制、增强活力、改善服务。一类是可以转制为企业的经营性文化企业单位，改革重点是创新体制、转换机制、面向市场、增强活力。在这个基础上，中央决定采取试点的办法来推进文化体制改革。

2003年12月，国务院办公厅又下发了《关于印发文化体制改革试点中支持文化产业发展和经营性文化事业单位转制为企业的两个规定的通知》，文件规定了若干支持政策，包括财税政策、投融资政策、资产处置政策、国有文化资产授权经营方面的政策、人员安置政策等。

（二）文化体制改革第二阶段（2005～2009）文化产业税收政策

为贯彻落实党中央、国务院的有关文件精神，加大税收政策支持力度，2005年3月29日，国家税务总局会同财政部、海关总署共同下发了两个文件，一是《关于文化体制改革中经营性文化事业单位转制后企业的若干税收政策问题的通知》，二是《关于文化体制改革试点中支持文化产业发展若干税收政策问题的通知》。文件对文化体制改革中经营性文化事业单位转制为企业（经营性文化事业单位是指从事新闻出版、广播影视和文化艺术的事业单位，转制包括文化事业单位整体转为企业和文化事业单位中经营部分剥离转为企业）规定的税收政策主要有：（1）经营性文化事业单位转制为企业后，免征企业所得税，原有的增值税优惠政策继续执行。（2）由财政部门拨付事业经费的文化单位转制为企业，对其自用房产、土地和车船免征房产税、城镇土地使用税和车船使用税。（3）文化产品出口按照国家现行税法规定享受出口退免税政策对生产重点文了件产品进口所需要的自用设备及配套件、备件等，按现行税收政策的有关规定，免征进口关税和进口环节增值税。（4）对在境外提供文化劳务取得的境外收入不征营业税，免征企业所得税。

文件对文化体制改革试点中支持文化企业发展规定的税收政策主要有：（1）对政府鼓励的新办文化企业，自工商注册登记之日起，免征3年企业所得税（新办文化企业是指2004年1月1日以后登记注册从无到有设立的企业，原有文化企业分立、改组、转产、合并、更名等形成的文化企业，都不能视为新办文化企业）。（2）试点文化集团的核心企业对其成员企业100%投资控股的，经国家税务总局批准后可合并缴纳企业所得税。（3）对从事数字广播影视、数据库、电子出版等研发、生产、传播的文化单位，凡符合国家现行高新技术企业税收优惠政策规定的，可统一享受相应的税收优惠政策。(4) 对国务院批准成立的电影制片厂或经国务院广播影视行政主管部门批准成立的电影集团及其成员企业销售的电影拷贝收入免征增值税，对电影发行企业向电影放映单位收取的电影发行收入免征营业税。(5) 对生产重点文化产品进口所需要的自用设备及配套件、备件等，按现行税收政策的有关规定，免征进口关税和进口环节增值税。(6) 对在境外提供文化劳务取得的境外收入不征营业税，免征企业所得税。

(三) 2009 年对文化产业税收优惠政策的新调整

贯彻《国务院办公厅关于印发文化体制改革中经营性文化事业单位转制为企业和支持文化企业发展两个规定的通知》，进一步推动文化体制改革，促进文化企业发展，2009 年 3 月 26 日、27 日，我国分别下发了《财政部、国家税务总局关于文化体制改革中经营性文化事业单位转制为企业的若干税收优惠政策的通知》财税［2009］34 号和《财政部、海关总署、国家税务总局关于支持文化企业发展若干税收政策问题的通知》财税［2009］31 号两个税收文件，对有关文化产业税收优惠政策进行了重新明确，执行期限为 2009 年 1 月 1 日至 2013 年 12 月 31 日。与原政策相比，新政策有六点变化。

1. 延长了优惠期限。《财政部、海关总署、国家税务总局关于文化体制改革中经营性文化事业单位转制后企业的若干税收政策问题的通知》(财税［2005］1 号)、《财政部、海关总署、国家税务总局关于文化体制改革试点中支持文化产业发展若干税收政策问题的通知》(财税［2005］2 号)、《财政部、国家税务总局关于宣传文化增值税和营业税优惠政策的通知》(财税［2006］153 号) 规定的优惠期限均截止到 2008 年 12 月 31 日。财税［2009］31 号、财税［2009］34 号文件明确，对 2008 年 12 月 31 日前新办文化企业，其企业所得税优惠政策可以按照财税［2005］2 号文件规定执行到期；除条款中有明确期限规定者外，税收优惠政策执行期限为 2009 年 1 月 1 日至 2013 年 12 月 31 日。

2. 取消了增值税先征后退政策。新政策取消了财税［2006］153

号文件党报党刊等有关出版物、新疆维吾尔自治区新华书店和乌鲁木齐市新华书店销售的出版物、少数民族文字印刷制作业务实行增值税先征后退政策。但财税［2009］34 号文件明确，党报、党刊将其发行、印刷业务及相应的经营性资产剥离组建的文化企业，自注册之日起所取得的党报、党刊发行收入和印刷收入免征增值税。

3. 取消了新华书店有关税收优惠。全国县（含县级市、区、旗，下同）及县以下新华书店和农村供销社在本地销售的出版物不再免征增值税。新华书店组建的发行集团或原新华书店改制而成的连锁经营企业，其县及县以下网点在本地销售的出版物，不再免征增值税。

4. 增加了数字电视收视维护费税收优惠。新政策规定，2010 年底前，广播电视运营服务企业按规定收取的有线数字电视基本收视维护费，经省级人民政府同意并报财政部、国家税务总局批准，免征营业税，期限不超过 3 年。

5. 增加了文化高新技术企业所得税优惠。新政策规定，在文化产业支撑技术等领域内，依据《关于印发〈高新技术企业认定管理办法〉的通知》（国科发火［2008］172 号）和《关于印发〈高新技术企业认定管理工作指引〉的通知》（国科发火［2008］362 号）的规定认定的高新技术企业，减按 15% 的税率征收企业所得税；文化企业开发新技术、新产品、新工艺发生的研究开发费用，允许按国家税法规定在计算应纳税所得额时加计扣除。

6. 增加了呆滞出版物所得税扣除优惠。新政策规定，出版、发行企业库存呆滞出版物，纸质图书超过 5 年（包括出版当年，下同）、音像制品、电子出版物和投影片（含缩微制品）超过 2 年、纸质期刊和挂历年画等超过 1 年的，可以作为财产损失在税前据实扣除。已作为财产损失税前扣除的呆滞出版物，以后年度处置的，其处置收入应纳入处置当年的应税收入。需要注意的是，企业在处理库存呆滞出版物时，应注意把握是正常损失，还是非正常损失。增值税方面，如果是非正常损失，应及时做进项税额转出处理；所得税方面，如果确认为非正常损失，则要按照财产损失申报相关规定，在规定日期之前向税务机关进行报批。部分原有优惠政策继续执行到期。

（四）十七届六中全会关于文化产业税收的主要精神

党的十七届六中全会通过的《中共中央关于深化文化体制改革 推动社会主义文化大发展大繁荣若干重大问题的决定》提出要进一步加大税收对文化产业的政策支持力度，引导社会资本以多种形式投资文化产业，鼓励各类文化企业参与公共服务文化，对文化内容创意生产、非物质文化遗产项目经营实行税收优惠。

在专门制定支持文化体制改革的税收政策之外，我国现行税法还规定了一系列税收优惠政策。2008 年 1 月 1 日起正式实施的新企业所得税法，规定了涉及文化企业的若干税收优惠政策。

二、发达国家和地区文化产业税收的主要做法

在西方国家，一般以征收个人所得税、企业所得税、资本利得税等直接税为主，以增值税等流转税为辅，二者的比例大约在 7∶3 左右。在税制设计上，会尽量避免重复征税。表面上，西方国家的名义税率很高，但由于很多纳税标的都可以用成本以及已纳税税额进行抵扣，因此其实际税率相对较低。此外，西方国家鼓励居民和企业进行慈善捐赠，如果企业和个人进行慈善捐赠之后，也可以获得相应的税收减免。

（一）各国税制中都有涉及文化产业的一般制度规定。欧盟委员会对国家征税区域内的交易，规定了一系列的增值税优惠：非营利组织向参加体育运动的体育教育的人提供的与体育和体育教育有关的某些劳务属于免税项目。由法律支配的机构或由有关成员国认可的文化组织提供的某些文化服务和有关的商品属免税货物。非商业性质的公共广播和电视机构的活动以及其他服务。英国增值税法规定，博彩、游艺和电影票、教育、非赢利体育比赛门票、艺术品或其他具有民族、科学或历史价值的物品的私人转让，文化服务等等，相关商品或劳务免征增值税；英国现行的消费税包含有博彩和游艺税，针对赌博和游艺活动，向参加和举办此类活动者征收该税，从量计征，以单位数量的金额表示，征收比率每年按照通货膨胀率来

调整。法国增值税规定：非营利性公益组织所提供的社会教育、文化、体育、慈善等服务属于可以免税交易行为；法国增值税实行三档税率：19.6%的标准税率，5.5%和2.1%的低税率和零税率；对书籍的销售实行5.5%的低税率，对于日报、严肃的音乐演出（包括音乐剧、音乐会、芭蕾舞、马戏团）实行2.1%的低税率。德国增值税基本税率为16%，适用于所有商品销售和劳务提供行为，对图书、报纸、杂志、艺术品等商品，或提供公共文化设施服务等劳务服务实行7%的低税率。瑞典增值税适用税率有三档：25%标准税率，12%低税率和6%低税率；对类似于日报的新闻杂志（每周至少发行一次），音乐会、电影、戏剧等文化活动，图书馆、博物馆提供的劳务等实行6%的低税率。

（二）各国文化产业的发展离不开税收政策的促进和扶持，而且文化产业税收政策框架主要有三大类型。世界各国运用税收政策促进文化产业发展的实践证明：税收优惠政策使投资者能够尽可能降低投资成本与风险而提高投资效益，由此而产生一种示范效应，使全社会更多的资金在税收优惠的诱导下源源不断地流向文化产业，而随着税源的日益丰裕，政府将会在文化产业税基的稳步拓展和扩张之中获得更多的税收收入。世界范围内有关培植创造型文化产业和刺激艺术发展的税收优惠措施，其方法和策略固然多种多样，但大体可分为三类：第一类是对于艺术家的税收激励措施，无论艺术家居住在何地，其作品销售所得享有所得税税收豁免。第二类是基于地域类税收激励措施，在指定的“艺术区”内生活或工作的艺术家就其作品销售所得免征所得税。第三类是基于产业类税收激励措施，指定的“创造型”产业（如电影、电视和录音制品等），根据国家规定就其生产数额和发生的相关费用享受税收抵免。

（三）对经济领域和文化领域可采取差异较大的税率标准，把政策寓于税收之中，这是世界各国的一个共同的特点。这种有差别的税收政策较好地发挥了调控文化产业发展的杠杆作用。如英国对书籍报刊实行零增值税，将其作为和食品、儿童用品并列的不多的免增值税的商品之一。如果本国公司向其他征收增值税的国家进口图书，所支付的税金可向有关部门索回，书籍报刊还享有免征进口税的优惠。在法国，所有的经济企业都要交18.6%的增值税，而文化企业仅交7%的增值税。一些西方发达国家还严格地把城市文化产业和城市公益性文化事业区分开来，并采取不同的文化经济政策。美国的大学出版社不以盈利为目标，主要出版校刊、教材和学术著作，选题的取舍首先要看学术水平和社会价值而不是经济效益。英国政府给予一些大学出版社以慈善机构地位，如牛津大学出版社和剑桥大学出版社等，他们的经营全部是免税的。一些国家对城市中的公共广播、电视及非赢利性的文化团体也免征赋税。

三、北京市文化产业主要行业税收政策的现实诉求与对策建议

为了深入细致地了解北京市文化产业主要行业在税收政策方面存在的主要问题、现实诉求，我们多次会同相关部分，到行业协会、企业等进行实地调研，并提出相关对策建议。

（一）非物质文化遗产企业税收政策存在的突出问题、主要诉求及对策建议

根据调查，北京市非物质文化遗产企业多为小型微利企业，产品基本为手工制造，属于劳动密集型企业。主要缴纳增值税和企业所得税，适用17%的增值税税率、25%的企业所得税税率。近年来，中央和北京市政府通过安排专项补贴对非物质文化遗产给予了大力支持。但在税收政策上，仍感税负较重，部分企业认为政府部门拨付的专项扶持资金收入缴纳企业所得税不合理。主要是：

1. 由于国税部门在征管方面存在漏洞，全国普遍存在个体经营者和自然人偷逃增值税且不给下游企业开具增值税发票的情况，而大部分非遗企业生产规模较小，有些原材料散落民间由私人经营，因此进货渠道多从个体经营者和自然人方购进，或采取将产品加工劳务外包给个体经营者和自然人的生产经营方式，导致上述非遗企业无法取得购进原材料和劳务外包的增值税发票，在计征增值税时不能抵扣此类

业务的进项税额，加重了企业的增值税负担。

2. 非遗企业属于劳动密集型企业，工人工资等人工成本普遍较高，但根据现行增值税政策规定，在生产经营过程中发生的人工成本在计征增值税时不得作为进项税额予以抵扣，从而加重了企业的增值税负担。

3. 政府部门在拨付非遗企业专项扶持资金时，通常采用转拨的方式，即先由财政部门将资金拨付给企业的上级主管单位，再由上级主管单位将资金拨付给非遗企业。根据现行政策规定，从财政部门取得的财政性资金免征企业所得税。但在实际征管中，由于非遗企业不能提供证明资金来源的指标性文件，导致税务部门无法认定企业取得的专项扶持资金是否属于财政性资金，通常将其作为由上级主管单位给予企业的一项收入，要求企业就此项收入缴纳企业所得税。从而加重了企业的企业所得税负担，也弱化了财政扶持资金的效果。

为减轻非遗企业的税收负担，提出如下建议：

第一，对非遗企业直接生产销售与非物质文化遗产相关的产品，按3%简易征收率缴纳增值税。

第二，建议国税部门加强对从事销售货物和加工劳务的个体经营者和自然人的增值税征管，确保此类个体经营者和自然人能够为下游企业开具增值税发票。

第三，完善非纳税收入认定程序，建议非遗企业的上级主管单位在进行财政资金转拨业务的同时，将证明资金来源的财政指标性文件一并提供给非遗企业，以证明其补助资金的来源，以便为税务部门办理免税提供依据。同时也可避免部分财政补助资金转化为税收以后，增加共享收入上划的比重。

（二）北京市工艺美术行业税收政策存在的突出问题、主要诉求及对策建议

增值税是流转税，工美行业为17%，工美企业在销售产品时，以销项税额减去进项税额后，作为实际纳税金额。因此，企业在正规材

料供应商购买原材料时，供应商要出具增值税抵扣的发票。对一般的工业企业来讲，增值税不会给企业增加多大负担。但是对工美企业来讲有两个方面的因素，决定了工艺美术品制作和销售不适合执行这一税种。

一是工艺美术品种繁多，原材料来源渠道复杂，加工单位以家庭作坊为主，工美企业得不到增值税抵扣发票。

工艺美术品制作需要的绝大部分材料由于品种多、用量小，需民间采购。例如，金漆镶嵌工艺所需原材料共100多种，除了部分木材、金箔等材料有专门的供应商外，其余所需的如血料、头发、白面、砖灰等绝大多数原辅材料，都要从私人手中购买；玉器工艺所需的各种玉石，由于国内没有专门的材料供应商，全部都得从民间采购或到缅甸等原产地购买；剧装工艺所需的1000多种原辅料，绝大部分要从个体摊贩聚集地购置。在生产方面，工艺品制作大部分辅助工序都是通过外加工完成。这些外加工单位都以乡镇家庭作坊为主体。因此，无论从原材料采购上，还是在外加工环节中，都无法给工美企业出具增值税抵扣发票。

二是艺术价值在工艺美术品的价格中占主要成分，有的品种所用原材料虽有增值税票，但份额也占得极少，企业在产品销售时无法抵扣税额，加大了纳税负担。

有的工美品种虽然主要原材料购进时带有增值税票，但整体成本价格中，艺术价值部分占主要成分。例如，北京市的景泰蓝工艺品现每年销售额均在七、八千万元左右。但每件作品的价格中原材料价值仅占三分之一，艺术价值则占三分之二。花丝镶嵌、地毯、京绣、木雕等行业都是如此。而一般的工业产品的价格中，原材料和人工制作的比例则与之相反。

据北京市工艺美术行业协会对20家企业调查，在税制改革前，工美企业的纳税负担大体在2%~4%，税改以后交纳增值税平均税率增长到12%。如北京市金漆镶嵌厂税率高达14%，北京市玉器厂不算应在消费环节交纳的10%的消费税外，税率高达13%，北京市雕漆工厂的税率也达 12%。而据原北京市崇文区、西城区的有关部门测算，一般工业品生产企业税改后，税率大体水平只在 4% 左右。

由于在执行增值税时不考虑工艺美术品制作中的这两个因素，所以迫使工艺美术企业进入了只有提高价格才能完税，但提高价格后产品又卖不出去的两难境地。到二十世纪九十年代末，北京市工美行业中的大部分企业都不堪高税赋压力，出现生产经营规模萎缩、技艺队伍后继乏人的状况。近几年来，由于认真贯彻北京市政府颁布的《北京市传统工艺美术保护办法》，使北京市工美行业有了较大的起色，但增值税的问题没有解决，仍严重制约着工美行业的发展。

北京市工艺美术作为珍贵的传统文化遗产，政府应该进一步在税收上给予扶持。对此建议，工艺美术品制造和经营不应该和一般工业品生产采同用一个政策，应采用减免增值税，或一律以小规模纳税人的税率纳税，或重新核定一个适应工艺美术综合税种纳税的方式，解决工艺美术行业税赋过重的问题，使这一古老的行业早日重新振兴。

（三）北京市影视产业税收政策存在的突出问题、主要诉求及对策建议

1. *存在问题*

一是税收优惠力度偏弱。近年来，外省市不断出台优惠政策，与之相比，北京市在税收政策等方面力度偏弱。北京市对文化企业征收的营业税税率 5.6%，企业所得税税率 25%。部分区县制定的优惠政策主要有：怀柔区营业税返还 20%（实际税率 4.48%），所得税返还 12%（实际税率为 22%）；在中关村科技园区对新办文化创意企业被认定为高新技术企业的，企业所得税自获利年度起 2 年内免征，2 年后减按 15% 税率征收。而外省市在税收方面灵活性更强，根据企业入驻时间的不同，营业税返还一般都在 30% ~80%，最低的只有 1.2%，企业所得税返还一般在 20% ~30%，最低的只有 17%，从而产生较强的诱惑力，如浙江横店建立了“影视文化产业发展专项基金”，实验区内影视文化企业从入驻之年起，可享受文化产业发展专项基金奖励十年，前二年按税收留东阳市部分的 100% 安排，后八年按 60% 安排；

西安曲江规定对前来注册的影视公司第1~3年100%返还营业税，免征3年所得税，吸引了40余家北京市影视企业前往注册。

二是由财政拨付给广播影视企业主管单位，再由主管单位间接拨付给广播影视企业的专项资金、补贴等财政拨款需缴纳营业税不合理。

三是小型广播影视企业与大型广播影视企业适用相同的税率缺乏公平性，加重了小型广播影视企业的负担。

四是转让影视作品版权按规定需缴纳营业税，不能抵扣影视作品的制作成本，导致企业负担较重。

五是影视企业将自行制作的电视节目、纪录片等影视作品出口，按规定需缴纳营业税而不是增值税，因而不能享受出口退税优惠政策，此情况不合理。

2. 诉求建议

建议北京市加大对广播影视行业的税收政策等方面扶持力度，确保广播影视企业不流失。

第一，目前被业界最为看重、成效最为显著、可持续性强的政策就是税收优惠政策，所以北京市要坚持利用税收为撬动杠杆，辅之以项目扶持、奖励等其他手段，推动影视产业的快速发展。

第二，继续制定出台扶持影视和视听网站的税收优惠政策，推动建立影视创作、拍摄、后期、发行、出口等一条龙服务，使企业大幅缩减不必要的开支，减少拍摄制作成本。

第三，为影视企业在京拍摄提供良好的空间和服务，建议建立国家级电视剧产业园区和视听网络产业园区，给予土地、税收等优惠政策。

第四，目前在中关村科技园区注册的企业可享受中关村高科技企业15%企业所得税的政策优惠，但是北京市影视企业中除光线传媒外，鲜有影视企业享受此项政策。建议出台政策，规定凡被评为重点扶持的北京市影视企业可参照享受中关村科技园区优惠税收政策，对业绩良好、吸收北京市人员就业、税收贡献大的影视企业，实行更为优惠的累进税收政策。参照相关省市的优惠政策，初步考虑，营业额在1000万元以下，按实际税率5%征收，1000万元~1亿元按3%征收（低于到相关省市入驻5年以上的税率），1亿元以上按1.5%征收（相当于到相关省市入驻2~5年内的税率）；企业利润在2000万元以下，所得税按实际税率20%征收，1000万元~1亿元按18%征收，1亿元以上按15%征收；优惠期限10年。这一设定，优惠力度总体上高于相关省市，对大、中企业的优惠力度明显较高，并且优惠时间较长，可产生较强的吸引力，同时避免企业数量增长过快。

第五，建议对影院放映电影的票房收入计征营业税时，将上缴的国家电影专项资金从票房收入中予以扣除。根据《国家电影事业发展专项资金管理办法》第二条规定，县及县以上城市电影院应按照全额电影票房收入5%的标准缴纳国家电影事业发展专项资金。为减轻影院负担，避免重复征收，建议将影院票房收入的营业税计税基数由全额票房收入调整为票房收入减去上缴的国家电影专项资金后的收入。同时建议中央出台政策，对间接拨付给广播影视企业的财政拨款免征营业税。

第六，为支持小型广播影视企业发展，建议中央给予小型广播影视企业流转税、所得税优惠政策。

（四）动漫游戏业税收政策存在的突出问题、主要诉求及对策建议

1. 主要问题

一是属于增值税一般纳税人的动漫企业销售动漫衍生品，需按17%税率缴纳增值税，销售动漫衍生品可抵扣的进项税额较少，且17%税率较高，导致企业负担较重。

二是部分动漫游戏企业不了解该行业适用的税收优惠政策，未向税务部门申请税收优惠或未申请可享受优惠政策动漫及高新技术企业的认定审批。例如：北京市掌上明珠科技有限公司不了解研发费用在企业所得税税前加计扣除政策，导致多缴纳了企业所得税；再如北京市神州航天文化创意传媒有限公司不了解高新技术企业适用15%优惠税率的政策，也导致了税收多缴问题。

三是享受优惠政策动漫企业及高新技术企业认定审批标准过于严

格，不符合动漫游戏企业的经营规律，导致部分动漫企业及全部游戏企业无法通过审批，不能享受相关优惠政策。

四是现行政策规定，销售软件可享受增值税超三返还优惠政策。游戏公司在销售游戏机时，存在将游戏软件安装在游戏机中与游戏机一并销售的情况。根据政策规定，此种情况下销售的游戏软件不能享受增值税超三返还优惠政策。

五是目前大部分动漫游戏企业缴纳的主体税种为营业税，适用5%或3%税率。如对动漫游戏企业改征增值税，税率将上调至6%，由于动漫游戏企业主要经营成本为人工成本，可抵扣的进项税额较少，改征增值税后将加重动漫游戏企业的税收负担。

六是动漫企业属劳动密集型企业，企业员工较多，个人所得税负担较重。

七是动漫企业属于文化类企业，应按文化体育业税目缴纳营业税，适用3%税率。但目前由于大部分动漫企业不能通过相关资格认定，因而无法享受优惠税率，需按5%税率缴纳营业税，导致企业负担较重。

2. 诉求与建议

第一，建议国家出台政策，对属于增值税一般纳税人的动漫企业，销售动漫衍生品适用13%低税率或按6%征收率征收增值税。

第二，建议国家有关部门根据动漫游戏企业的经营状况及内在规律，适当修改享受优惠政策动漫企业及高新技术企业认定审批标准，确保大部分动漫游戏企业能够通过审批享受优惠政策。建议北京市国税局、北京市地税局适当调整动漫企业营业税认定审批标准，确保我市大部分动漫企业能够享受3%营业税优惠税率。

第三，对于承担政府任务的动漫游戏企业，建议国家就其承担政府任务所取得的收入，给予免征营业税、增值税、企业所得税优惠。

第四，营业税改征增值税后，为了不增加动漫游戏企业税收负担，建议对原适用3%营业税税率的动漫游戏企业，改征增值税后，由国家给予增值税超三返还或适用3%增值税简易征收率优惠政策。

第五，对于将游戏软件安装在游戏机中与游戏机一并销售的情况，如能分别核算游戏机与游戏软件的销售额，建议国家给予销售游戏软件部分收入增值税超三返还优惠政策。

（《北大文化产业评论》2015 年 6 月）

文化产业专项资金使用探索

财政补助方式不仅体现国家重视推动文化产业发展的意志，更蕴含着其区别于其它财政专项资金的特殊性——既针对崭新的经济形态，也针对崭新的文化形态。在我国经济进入新常态的大背景下，巨大的文化消费需求成为推动经济持续稳定发展的新动力。而文化产业属于幼稚产业和新兴产业，如何推动这一朝阳产业、无烟产业成为国民经济发展的重要支柱，科学合理的发挥文化产业发展专项资金的作用，当是十分关键的环节。

文化产业发展专项资金是我国政府“文化强国，资金先行”发展思路的标志性举措。合理的专项资金分配使用，不但可以发挥业内优质企业的示范和带动作用，还可以开拓文化市场、扩大文化贸易往来。近年来，专项资金确实对促进我国文化产业的发展发挥了积极作用，政策部署的战略性和聚焦性明显增强。在科学使用、充分发挥专项资金作用的过程中，也逐步厘清了我国文化产业的战略定位、阶段性目标和中长期发展规划。国家财政部办公厅发布的《关于 2015 年文化产业发展专项资金申报管理工作有关事项》所指向的扶持项目，较之 2014 年新增了四项要点：一是推动传统媒体和新媒体融合发展；二是增加了实体书店参与试点的数量；三是支持报业等新闻数字化升级；四是在文化创意领域，鼓励挖掘优秀文化资源。

然而，在当前文化产业与其他产业深度交叉、文化与科技有机融合的现实背景下，置身于涉及面广、分类复杂的产业环境，文化产业发展专项资金的分配和使用也存在一些不可忽视的误区和问题。

一是集聚效应尚未充分显现，资金分配相对分散。

我国的文化产业发展的一个突出问题是缺乏统一的整体性规划，资源布局条块分割，从而导致不同部门专于自身而独立前行。共享机制不健全，使得专项数量虽然多，大量资金却被分散地使用。广撒网的方式并不会带来规模效应，由于缺乏合理的产业结构为基础，反而导致有限的财政资源在无形之中被分解和消耗，事倍功半。集聚效应难以发挥的背后，体现出分散的产业结构和脱节的产业链条，当下各走各路的局面是产业凝聚力匮缺的表现。

二是局部统筹水平较低，重复建设依然存在。

个别地方管理部门在资金统筹过程中缺乏科学规划和监督，而拥有专项资金使用权的部分单位对资金效益提升的主动性不强，从而导致局部出现一批水平低、规模小、效益差的工程项目。中央出台的八项规定要求各地方“反四风”以为民、“树新风”以立身，如今地方政府大兴土木修盖楼堂馆所的局面已扭转，而打着文化旗号铺张浪费的现象依然存在。尤其是个别地区基层文化设施的建设，缺乏对周边环境和民众活动的考察，导致资金被损耗在高建设成本、高人员成本、高采购成本的低效工程上。缺乏群众互动的项目成了花瓶，脱离群众需求的建设成了摆设。

三是管理模式缺乏创新，绩效考核亟待完善。

由于专项资金扶持对象的数量庞杂，审核部门对资金申报金额的真实度难以把控，对使用过程的规范性难以监督。为了获取更多的中央财政补助，一些企业和机构对金额、能力、成果夸大呈现，甚至弄虚作假，在相当程度上阻碍了文化产业发展专项资金的效能发挥。当资金分配到企业后，它基本脱离了各级财政部门的监管。文化产业的特殊性导致项目很难被量化地评估，如果说实体建设的成效是具体的，文化领域的收获却是相对抽象的，这一新兴产业的管理模式需要注入创新型思维。审核部门缺乏科学可持续的绩效考核体系，于是被扶持的单位缺乏可参照的标准，负面效应往往从起点开始循环，直到影响全局的价值提升。

针对文化产业发展专项资金整合使用中存在的问题，需要不断探索新思路，完善具体政策。

一是要优化资金投入结构的专业性，建立动态协调机制

所谓专业性，是指专项资金的投向既要趋近市场最直接的需求，又要通过管理环节的逐层优化来协调分配。一方面，项目投向要具有开放性和包容性，目的是激发产业的原动力，鼓励企业和机构创新，以实现百花齐放的产业景观。另一方面，在最终选定项目环节，专业性体现在严格、细节化的标准中，要求被扶持的对象在获取资金分配前提供详实有效的项目计划、包含时间进度的短期和长期推进表以及细节化的资金预算等。

由于文化产业鼓励发展原创文化产品和业态，各单位对创意、理念的构想种类纷繁，而落实到循序渐进的执行中，严格、细致的把关是降低财政资金风险、防止文化市场失灵的必然要求。这要求文化产业发展专项资金的协调标准是动态的、兼收并蓄的，而非僵化的、一成不变的。基于文化产业的特殊性，以往投资先行的资金投入模式，常因项目建设过程中的偏差或偶然，而最终难以实现预期的经济价值和文化价值，而中央财政部门也确实很难在申报阶段准确预知项目的实际成果。因此，前期投入加后期阶段补助的动态结合，能以审核、激励的方式让资金分配更合理。同时，也提高了企业或机构完成项目的效率，阶段式的分配给予了被扶持单位在实施过程中调整方向的机会。如同财政部门对于预期结果的未知，企业和机构同样难以在初期对项目的后续状况“一言以蔽之”。动态、分段式的协调机制会相应地增加政府监管的成本，可对于资金分配的合理性和结果的实效性而言，如此专业化的结构调整是“物有所值”的。

二是建立公开透明的资助环境，充分发挥市场调节的基础作用

资助环境的诉求体现在相应的公共服务平台建设上，好的平台是杠杆，能撬动来自社会、企业及个人的资金，触发各界的投资动机，尤其是来自金融机构和投资公司的高度关注。因此，专项资金的分配和使用应该遵循社会权益最大化的原则，不仅局限于被扶持对象本身，还应着眼于其所处行业及整个文化产业的兴盛。

为了保证分配和使用过程中公开、公正的透明度，需要引入以政府监管为主，社会监督为辅的监管机制。充分发挥来自社会各界力量来监督调整分配和使用过程中不合规、不合理之处。政府应在此思路下，进一步加大对项目申报、选定、考核过程的公开程度，尤其是对财政预算部分的透明度，应接受来自社会民众的监督。同时，要充分利用网络和新媒体，首先，开通便捷的网络申报渠道，为更多有条件的单位提供便捷、快速的申报入口，丰富资金扶持对象的种类；其次，网络化的开放环境，满足了大众多元的信息渠道需求；再次，让社会各界参与到围绕资金分配的利弊讨论中，可以集思广益降低资金被浪费的风险，唯有融入市场才能真正获得成长。

三是培育领军型文化企业，实现标杆影响力的辐射效应

领军型的文化企业或机构并不一定是规模最大、效益最好的，而应该是那些与时俱进、最具潜力的。这要求专项资金拥有“前景式”思路，重点扶持那些高融合性、带动性、引领性的项目，尤其是能将文化与科技、传媒相融合的项目。

根据 2014 年文化产业发展专项资金的项目名单，被资助数量排名前三的项目类型分别是：对外文化贸易、文化金融、文化创意设计服务。其中，排名第一的对外贸易发展类项目总数达 135 个。我国文化贸易整体水平较低，与美国、日本等文化产业发展较成熟的国家相比差距明显，而最显著的逆差体现在——核心文化产品的缺乏，这意味着我们急需国际化的领军企业。虽然文化产业已经初具规模，从产业链诞生的文化产品数量也与日俱增，然而它们普遍缺少国际认知度和民族辨识度。解决这一瓶颈，需要调整专项资金的分配，将有限的资金投入到饱含原创潜能的领域中，重点培育一批市场前景广、潜力大、具有辐射效应的标杆项目，以此促进革命性影响力的企业诞生。

四是引入科学的绩效评估监管机制，促进规范与效益协同并进

改善“重分配、轻管理”的模式，需要引入科学、全面的绩效评估机制，以绩效为导向实现资金的预期目标。绩效评估要求责任中心制，明确分配与使用过程中各环节的责任。以科学的评估体系对项目监督和跟进，评估结果要纳入后续资金分配中，作为重要参考依据，并根据有关规定记录备案。其次，建立奖惩分明的管理制度，以合理的激励机制对取得相应效果的单位予以褒奖，对存在违规违纪或未达标的单位进行惩罚、追究责任。

要综合、主动地跟进绩效评估标准，关注社会需求，不仅从经济效益的角度，还要从文化效益、社会效益等角度多方考量，文化产业的投资效益不像常规的实体经济已有统一的度量衡，要站在长远的角度判断其是否能带动所在行业及整个文化产业的发展。只有建立规范化科学化的绩效评估机制，才能使得专项资金更具有针对性，更利于促进文化产业的繁荣。

（《中国文化报》2015 年 4 月 11 日）

如何完善动漫产业税收政策

作为文化产业的新兴门类，动漫产业受到中央和各级地方政府的高度重视。2009 年 9 月，国务院发布《文化产业振兴规划》，动漫产业被列入重点发展的八大文化产业之一，成为产业政策扶植的新亮点。依据《国务院办公厅转发财政部等部门〈关于推动我国动漫产业发展的若干意见〉的通知》（国办发〔2006〕32 号）的界定，动漫产业是指以“创意”为核心，以动画漫画为表现形式，包含动漫图书、报刊、电影、电视、音像制品、舞台剧和基于现代信息传播技术手段的动漫新品种等动漫直接产品的开发、生产、出版、播出、演出和销售，以及与动漫形象有关的服装、玩具、电子游戏等衍生产品的生产和经营的产业。加快发展动漫产业需多管齐下，其中税收政策是非常重要的方面。根据我们对动漫企业的实地调研，发现我国税收政策存在以下主要问题。

一是属于增值税一般纳税人的动漫企业，销售动漫衍生品时需按 17% 税率缴纳增值税，销售动漫衍生品可抵扣的进项税额较少，且 17% 税率较高，导致企业负担较重。

二是享受优惠政策动漫企业及高新技术企业认定审批标准过于严格，不符合动漫游戏企业的经营规律，导致部分动漫企业及全部游戏企业无法通过审批，不能享受相关优惠政策。

三是现行政策规定，销售软件可享受增值税超三返还优惠政策。游戏公司在销售游戏机时，存在将游戏软件安装在游戏机中与游戏机一并销售的情况。根据政策规定，此种情况下销售的游戏软件不能享受增值税超三返还优惠政策。

四是目前大部分动漫游戏企业缴纳的主体税种为营业税，适用 5% 或 3% 税率。如对动漫游戏企业改征增值税，税率将上调至 6%，由于动漫游戏企业主要经营成本为人工成本，可抵扣的进项税额较少，改征增值税后将加重动漫游戏企业的税收负担。

五是是部分动漫游戏企业不了解该行业适用的税收优惠政策，未向税务部门申请税收优惠或未申请可享受优惠政策动漫及高新技术企业的认定审批。例如：北京市掌上明珠科技有限公司不了解研发费用在企业所得税税前加计扣除政策，导致多缴纳了企业所得税；再如北京市神州航天文化创意传媒有限公司不了解高新技术企业适用15%优惠税率的政策，也导致了税收多缴问题。

六动漫企业属劳动密集型企业，企业员工较多，个人所得税负担较重。

七是动漫企业属于文化类企业，应按文化体育业税目缴纳营业税，适用3%税率。但目前由于大部分动漫企业不能通过相关资格认定，因而无法享受优惠税率，需按5%税率缴纳营业税，导致企业负担较重。

表1　四家动漫企业税收情况表

企业名称	主要业务	免税资质	税收情况	
			营业税率	所得税率
北京市奥米特科技有限公司	手机主题、手机桌面、彩漫彩信的制作及营销（属电信增值业务），动漫版权转让	1）手机主题、手机桌面、彩漫彩信销售业务适用邮电、通信业营业税税目；（2）高新技术企业所得税优惠政策；（3）获知识产权的版权转让收入免征营业税。	电信增值业务为3%	15%
北京市掌上明珠科技有限公司	手机网游的开发与营销	（1）适用邮电、通信业营业税税目；（2）高新技术企业所得税优惠政策。	3%	15%
北京市神州航天文化创意传媒有限公司	动画影视作品的制作及发行，其中包括承担制作神八升空过程演示动画、温州动车事故模拟动画、上海世博会动画宣传片等政治性任务	无	5%	25%
北京市联合绿动科技有限公司	经营体感运动游戏机的销售和体感运动游戏的开发	无	17%（增值税）	25%

八是作为资金补充的国家的税收优惠政策很难惠及中小企业。如，2009年，财政部和国家税务总局联合发布的《关于扶持动漫产业发展有关税收政策问题的通知》，其中就增值税、企业所得税减免等方面对动漫企业及其自主开发、生产的动漫产品做出了一系列优惠规定。但是，这项政策对于大型动漫企业而言，优惠幅度较大，对于一些处于成长期的中小型企业来说，有些优惠措施享受不到，如增值税优惠，以至于税收优惠的短期作用并不明显。

为了完善我国动漫产业的税收政策，特提出以下建议：

第一，建议国家出台政策，对属于增值税一般纳税人的动漫企业，销售动漫衍生品适用13%低税率或按6%征收率征收增值税。

第二，建议国家有关部门根据动漫游戏企业的经营状况及内在规律，适当修改享受优惠政策动漫企业及高新技术企业认定审批标准，确保大部分动漫游戏企业能够通过审批享受优惠政策。建议北京市国税局、北京市地税局适当调整动漫企业营业税认定审批标准，确保大部分动漫企业能够享受3%营业税优惠税率。

第三，对于承担政府任务的动漫游戏企业，建议国家就其承担政府任务所取得的收入，给予免征营业税、增值税、企业所得税优惠。

第四，营业税改征增值税后，为了不增加动漫游戏企业税收负担，建议对原适用3%营业税税率的动漫游戏企业，改征增值税后，由国家给予增值税超三返还或适用3%增值税简易征收率优惠政策。

第五，对于将游戏软件安装在游戏机中与游戏机一并销售的情况，如能分别核算游戏机与游戏软件的销售额，建议国家给予销售游戏软件部分收入增值税超三返还优惠政策。

（《中国文化报》2013年11月9日）

政府六大方向推动文化金融

2015 年伊始，文化部文化产业司发布了《关于做好 2015 年度“文化金融扶持计划”准备工作的通知》，对全年的文化金融扶持工作提出了具体要求。文化金融扶持项目遍及文化产业的各大子行业。

1 月 14 日召开的第二次国务院常务会议再次聚焦小微企业发展。总规模 400 亿元的新兴产业创投引导基金，通过完全市场化的管理和运作，重点支持蹒跚起步的创新型企业，小微文化企业因此受益颇多。

2 月 13 日，上海文化产权交易所与上海资信有限公司签约，在文化金融信用征信体系及相关数据库、文化产权市场机构信用评级体系、文化金融行业个人信用征信系统等方面展开深入合作。国家级文化金融征信系统建设项目启动，标志着中国文化金融信用工作发展的开启。

2 月 26 日，财政部办公厅发布《关于申报 2015 年度文化产业发展专项资金的通知》。该通知鼓励银行、文化担保、文化融资租赁等机构为文化企业提供融资服务，引导金融资本投入文化产业。支持企业在项目实施中积极利用金融工具，对于获得银行基准利率贷款的文化产业项目给予优先考虑。

5 月 19 日，文化部办公厅正式印发《2015 年扶持成长型小微文化企业工作方案》，提出“以鼓励金融创新、拓宽融资渠道为重点，进一步缓解小微文化企业融资难问题”。

7 月 6 日，国务院发布《关于积极推进“互联网 +”行动的指导意见》，7 月 18 日，中国人民银行、工业和信息化部、财政部等十部委联合发布《关于促进互联网金融健康发展的指导意见》。文件明确了监管主体，在一定程度上意味着互联网金融将进入有法可依的时代，也必将加速“互联网金融 + 文化产业”的融合和创新。

10 月初，财政部下达 2015 年度文化产业发展专项资金 50 亿元，共支持项目 850 个，项目数较 2014 年增长 6.25%。

11 月 18 日，财政部官网公布消息，中央财政下达 2015 年国有资本经营预算资金 7.31 亿元，全力支持 67 家财政部代表国务院履行出资人职责的中央文化企业实施 96 个项目。重点支持中央文化企业按照优势互补、资源整合原则合并重组；支持中央文化企业集聚跨部门、跨地区、跨所有制的数字内容资源实施行业及数字运营平台建设；支持具有竞争优势、品牌优势和经营管理能力的中央文化企业与国外有实力的文化机构进行项目合作等。

综上所述，2015 年，由政府层面推动解决的文化金融方向有 6 个：一是促进小微企业融资的政策进一步深化和细化；二是国家确立了新兴产业战略引导基金，代表了国家层面对新技术、新业态的跟进和支持；三是全国各地的文化金融试验区得到拓展；四是一批特色文化产业被列入国家视野进行引导支持；五是在推动社会资本进入公共文化设施建设等方面出台了一些激励性、细则性政策；六是文化创意类的互联网金融快速发展，国家顺应该领域的发展，推出了相应监管措施。

（《中国文化报》2015 年 12 月 26 日，南京艺术学院陈瑛瑛对此文有贡献）

五、国际经验

世界文化强国如何引导多元主体推动文化发展

现代社会的结构是由政府、企业、社会公益组织三大板块组成的。当今世界，文化发展已经渗透到社会结构的各个部分，要实现文化的大发展大繁荣，必须大力塑造参与文化建设的多元主体，形成相关政府部门、不同所有制企业、行业组织、公益文化机构等共同参与文化建设的局面。目前，我国文化发展的主体略显单一，突出表现在：（1）参与文化建设的主体主要是各级政府和文化事业单位，而企业、民办非企业单位参与度不够；（2）在文化产业中，国有经济比重过高，民营企业的地位作用不突出；（3）文化领域的同业公会、行业协会、观众之友等社会组织比较少。世界各个文化强国在文化发展的过程中，都十分注重文化发展主体的塑造、引导，形成了多元主体积极参与文化建设的局面，西方发达国家虽然与中国的国情不同，但其实践经验还是能给我们很多启示。

一、积极运用财税政策吸引企业参与文化发展

尽管美国、法国、英国、日本等世界文化强国的文化管理体制不尽相同，但有一点是共同的，就是各国政府都非常重视公共文化建设，同时对所需资金，并不是大包大揽，而是通过财税政策，鼓励企业、私人捐助。

美国早在1917年联邦税法就规定对非营利艺术团体与机构免征所得税，并减免资助者的税额。在这一政策的推动下，公司和个人积极资助文化事业。另一方面，经费分担、陪同资助是美国文化资助体系的主要模式，政府只负责向文化机构和艺术家个人提供“种子资金”，如美国国家艺术与人文基金会规定，对任何项目的资助总额都不超过所需经费的50%，这就迫使文化艺术机构主动寻找企业、基金会的资助。

在日本，企业积极参与公益性文化建设，对公益性的文化团体进行资助在企业家已经达成了共识。例如，由三得利公司全额资助的三得利音乐财团成立于1969年，财团设立的目的就是推进日本的西洋音

乐事业，保存和发展日本的传统音乐。财团设立的当年就组织了三得利音乐奖，每年举办一届，用以奖励为音乐事业做出杰出贡献的日本音乐家。

法国制定了《企业参与文化赞助税收法》《文化赞助税制》《共同赞助法》等一整套文化赞助税制体系，对文化赞助的性质、目的、范围、条件、形式、对象等都作了具体的规定，鼓励企业参与文化赞助活动。

1984 年英国议会批准了《关于刺激企业赞助艺术的计划》，明确“赞助”是指企业出于经营目的，借助艺术活动提高知名度、招待客户或职工、做广告宣传等。该计划规定，如果企业赞助艺术，政府将“陪着”企业资助同一项艺术活动，而且鼓励“新投入”，即企业第一次赞助，政府陪同等量出资共同用于新发展的项目，而第二次赞助，政府陪同出一半的资金，以此类推。

我国应注重借鉴发达国家的经验，一是对公共文化活动坚持有限资助的原则，二是用财政资金陪同企业赞助公共文化活动，三是积极争取税收政策对文化发展的支持。这样既能发挥财税政策的杠杆作用，又增强了企业投入公共文化的吸引力。

二、鼓励文化从业单位组建行业协会、同业公会

英国的剧院同业组织为英国表演艺术的繁荣发展做出了重要贡献。英国戏剧界有两个同业组织，一是伦敦剧院协会，二是英国戏剧管理协会，它们是剧院老板、管理人员和节目制作人的同业组织。协会向会员收取会费，会费从 250 到 3000 英镑不等，为会员提供单项服务额外收取费用。协会的使命是：处理劳资关系；为会员提供法律帮助；开展面向中央和地方政府、媒体的公关活动；维护演出市场的繁荣。协会主要组织如下活动来完成使命：每年举办伦敦戏剧博览会，联合伦敦地铁、铁路、公共交通、旅游、旅馆等公司和机构开展广告宣传活动，出版和发行刊物、小册子、单页介绍各种演出信息，向英国各类媒体提供演出信息；举办英国戏剧界最高奖——劳伦斯·奥利维亚戏剧奖，该奖由伦敦剧院协会于 1976 年设立；设立劳伦斯·奥利维亚

奖学金，资助戏剧学院才华横溢但家庭困难的大二学生完成学业；发售剧院代用券，人们可以用该券在全国的150多家剧院兑换任何一场演出票。

美国有很多出版行业协会，如美国出版商协会、美国书商协会、美国大学出版联合会等。这些非营利的法人组织对出版业进行管理，发挥了维权、服务、沟通、公证和监督等作用。

借鉴发达国家经验，我国应鼓励文化院团、文化机构自发组织起来，克服单一的文化院团、文化机构力量分散、资源有限的弊端，组建自我管理的行业协会、同业公会，发挥它们在维护自身合法权益、沟通政府、沟通媒体、培养人才、开拓市场、制定行业标准等方面的作用。

三、鼓励文化单位组织观众成立“观众之友”等社会组织

欧美国家的文化单位大都成立了各种形式的“观众之友”。1909年，英国出现了第一个“博物馆之友”——英国剑桥大学的菲兹威廉博物馆之友。目前，英国已有600多个博物馆之友组织。“博物馆之友”所做的工作，一是为博物馆筹集资金，资助博物馆购买藏品及保护藏品，以弥补博物馆经费的不足；二是为博物馆提供义务帮助和服务。“博物馆之友”的会员可享受的优惠待遇有：观看展览预展、在博物馆闭馆后使用场地搞活动、使用博物馆资料进行学术研究、参观博物馆未对公众开放的地方等等。伦敦皇家美院之友有会员70000人，由10名全日制工作人员管理，年会费超过100万英镑。

很多剧团也成立了“观众之友”。如伦敦学会室内乐团成立“观众之友”协会，入会者交少量会费，每月可收到演出信息，可优先订票，可观看排练，参观后台，订购剧院杂志，参加乐团的聚会、联欢，甚至可自费随乐团出国访问演出。通过这些活动，密切观众与乐团的联系，形成一批基本观众并影响更多的人。皇家歌剧院成立的“考文特花园之友”有会员19000多人，每年缴纳会费45英镑。仅1995～1996年度会费和赞助就达到71.6英镑。

“观众之友”是指有组织的支持某个文化院团、文化机构的群众团体，是把拥有共同爱好的人团结在一起的有效方式。“观众之友”

实行会员制，会员缴纳会费。文化单位组建“观众之友”，一是可以通过收取会费、会员赞助，在一定程度上解决文化单位资金不足的困难；二是培养了基本观众，任何文化产品都需要建立基本观众群，保证票房收入。目前，我国的“观众之友”组织还比较少，作用还没有得到很好发挥，政府应鼓励文化单位成立类似组织。

四、鼓励吸引民办公益文化机构参与文化建设

民办公益文化单位是提供公共文化服务的一支有生力量，它们不以营利为目的，致力于从事公益文化活动，政府有关部门要最大限度地保护、调动它们的积极性。

美国联邦、州和市政府一直积极促进美国文化繁荣发展。美国政府区分营利性文化产业与非营利性文化组织机构，前者交给市场，政府不控制也不分享其所有权，更不直接参与或干预其经营；后者是无法完全依靠自己的力量在市场经济的大潮里求生存、求发展的，美国政府便通过税收政策或直接拨款，保护和支持这些组织机构，这些机构不仅完全不用纳税，而且由个人或法人给予他们的一切捐款和礼品都从捐赠者的收入中扣除，目的在于确定个人或法人的完税收入。美国政府在 20 世纪 70 年代就制定了著名的“501（c）（3）”条款，对非营利艺术团体与机构、艺术产业捐助者实行财产税和销售税的减免优惠，甚至在其寄发宣传广告等邮件时减免 60% 的邮资。美国表演艺术机构基本分为音乐（含歌剧）、舞台剧、舞蹈三大类，20 世纪末数字显示全美共有 15000 多个演艺机构，在各类演艺机构中属非营利机构的舞台剧团、舞蹈团、古典乐团和歌剧院，在本类剧团中分别占到 52.7%、70.5%、87%，营利性表演艺术机构多分布在流行音乐和其他娱乐类，分别占到本类机构总数的 86% 和 91%。

为了促进我国民办公益文化机构发展，需要突破法律层面、政策层面的障碍。一是为它们的登记注册松绑，允许民办公益文化单位在民政部门直接登记注册为民办非企业单位。二是允许民办公益文化单位设立分支机构。三是让民办公益文化单位切实享受到税收优惠政策。按照财政部、国家税务总局的有关规定，民办非企业单位可以申请获

得免税资格，但在现实中，民办非企业单位几乎享受不到任何免税优惠。比如，按照规定，捐赠收入是免税收入，但是因为民办非企业单位不能申请公益性捐赠税前扣除资格，因而民办非企业单位很难吸引到企业和个人的捐赠；再如，会员收入免税，但是民办非企业单位不实行会员制，没有会费收入；政府补助收入免税，但是不包括因政府购买服务取得的收入，民办非企业单位从政府得到的补助收入微乎其微，通常获得的政府购买服务收入还不免税。北京管乐交响乐团是一家职业的交响乐团，也是一家民办非企业单位，乐团完全靠票房生存，每一场演出税金占票房收入的41.3%，享受不到免税优惠政策。四是解决民办公益文化单位的专业人员职称评定、晋级等方面的困难。五是让民办公益文化单位享受小微企业的待遇，多数的民办公益文化单位属于小型微利组织，但由于是“非企业”就无法享受小微企业财税优惠和行政收费减免等一系列扶持政策。致使营利性小微企业的企业所得税税负率最低仅为10%，而民非单位却要按一般企业标准征收25%的企业所得税。

此外，建议政府部门改变公益文化单位的财政拨款方式，由针对机构拨款改为针对项目拨款。这种拨款方式的好处，一是使各类文化单位在争取政府资金方面享有平等的机会，给民办公益文化单位提供了发展的空间；二是有利于提高财政资金的利用率，财政资金不是用来养机构、养人的；三是在文化事业领域引入竞争机制，增强各类文化单位的竞争意识，不管是哪类文化单位，只要项目、活动有价值，政府就花钱购买。

五、要强化文化企业的市场主体地位，吸引其他行业的企业、民营资本以及国际资本参与国有文化单位的转企改制，要扶持中小文化企业的发展

文化企业是文化市场的主体。由于文化体制改革相对滞后，我国经营性行业事业单位仍然较多，企业的主体地位不够明确。从北京来看，2008年，娱乐业、计算机软件服务业、广告业的企业法人单位就业达到了95%以上，但新闻出版业、广播影视业、文化艺术业、体育

业的企业法人单位就业比例低于50%，反映出事业单位较多、偏重于公益性的特点。另一方面，北京的文化产业中，国有经济比重过大。2010年，私营企业占北京文化产业企业总数的38.1%，资产占总资产的10.6%，收入占总数的15.2%。从全市看，非公经济的单位数量占全市80%以上、就业占半数以上。北京市文化产业经济的最为突出的特征是以中央单位为主。尤其是在文化艺术和新闻出版两个行业中，2007年中央单位数量均在本行业中所占比重超过50%。其中文化艺术业中央单位数量占60.1%，新闻出版数量占53.2%。

为了尽快形成完善的文化产业市场体系，在文化市场主体建设上应坚持两条腿走路。

一方面，应加快推进国有文化单位转企改制，做强国有经济。

努力实现文化产业投资主体的多样化是各国政府的普遍做法。在美国，政府对文化的直接投入所占的比例正在不断减少，而通过立法鼓励社会团体、企业和个人对文化进行捐赠和投资。目前美国的一些文化活动，私人、企业的投资额已经远远超过了政府的投入。我国应允许其他行业的企业、股份制或民营文化企业参与国有文化单位的转企改制，以资本为纽带，共同组建股份制的文化企业。一些距离意识形态较远的领域，允许国际资本进入。在经济全球化时代，文化资本的国际化趋势十分突出。美国最大的电影公司哥伦比亚公司是由索尼控股的，美国著名的纪录片电视频道——探索频道，是由澳大利亚的新闻集团控股的。

另一方面应为民营资本进入文化创意产业松绑，扶持中小型文化企业的发展。

从发达国家经验看，文化产业不同于传统产业，很多都是灵活、富于创新的中小企业，如独立工作室、时装设计公司、小型文艺公司、数码设计公司、广告公司等，这些企业只适合以民营企业的形式存在和发展。在发达国家，整个文化行业的增长主要依靠私营的中小企业。因此，增加政府对民营文化企业投资力度，吸引大量民间资本投入文化产业，大力发展民营文化中小企业，是中国文化产业的重要环节。

民营文化企业多为中小企业，这些中小型企业从创意到理念，从构思到产出往往是由少数几个人甚至是一个人完成的，不需要很多投入，但能对推动文化产业的发展起到十分重要的作用。这些企业机制灵活、成长潜力大，应成为文化产业的活跃力量。但这些中小企业在创业之初往往会遇到很多困难，例如，即使手中有好的项目，因为难以获得金融机构和文化产业发展专项资金的支持，形成发展瓶颈。此外，广播电视、新闻传播等部分文化行业的市场化程度不高，民营企业进入这些市场难度大。因此，政府应该采取有效的政策措施，在行政审批、财税支持、资金援助、金融服务、咨询建议、知识产权保护、技能培训、网络服务和场所等方面进一步提供优惠政策并细化操作，同时引入市场竞争机制，使民间资本在进入领域获得均等的机会。尤其考虑扶持那些有明确商业模式和发展规划前景的中小企业。

政府对个人和私营企业的支持对文化产业发展具有重要推动作用。英国针对私营文化企业发展中遇到的缺少资金、研发投入不足、无力开拓海外市场等问题，积极支持那些有创新能力的个人或私营业者，为其提供发展所需的资金，以免埋没了许多创意构思及商机。为创意产业从业者寻求资金是 1997 年创意产业特别小组成立后最重要的工作之一。目前采取的措施有：提供各地可供给创意业者资金的机构联络方式；英国科学、技术及艺术基金会（NESTA）对于具有创新点子的个人，提供发展资金等。

（原题“文化强国可借鉴的经验”，《学习时报》2013 年 12 月 16 日，首都社会经济发展研究所黄江松研究员对此文有贡献。）

探究西方发达国家如何促进文化与科技融合

在文化创意产业发展中，科技的作用是多层次渗透、全方位介入的，可以说是如影随形、无处不在。科技为文化创意产业提供了先进的工具，丰富了创意的表现形式，提高了产品制作效率，加速了文化创意产品的传播速度，促使创意产品市场化。如“无线无源”和“微压精密传感”技术的突破，使得人类创意成果可通过电子绘画板直接在计算机上呈现并可反复修改，实现创新即时可视化，现代存储技术及传输技术令创意成果实现实时共享等。科技不仅对于传统文化创意产业行业的支撑愈加明显，而且不断催生文化创意产业的新兴形态，如动漫网游、设计创意等就是信息技术、网络技术及计算机科学不断发展所产生的结果，这些新业态为文化创意产业的发展拓展了空间。粗略估算，仅交互媒体和游戏动漫，就涵盖了计算机软硬件、数学和工程科学、物理学、电子学、光学、艺术和心理学、纳米、人文科学等多项交叉学科和技术。科技和文化的融合，大大增加了文化创意产业的附加值。美国、英国、韩国等国家大力推进文化科技融合，已经取得了明显的领先优势。

一、美国实施数字化版权保护战略

美国是数字化技术及应用方面全球领先的国家。在美国，文化产业被称为版权产业。随着互联网、数字技术的进步，为版权产业国际化、数字化提供了广阔的发展空间。为了适应数字化时代对美国版权产业发展的要求，美国积极实施数字化版权保护战略。1998 年 10 月，美国通过了《跨世纪数字版权法》（Digital Millennium Copyright Art），该法针对数字技术和网络环境的特点，对美国版权法做了重要的补充和修订，为大众和版权产业界提供数字化版权保护。

二、英国重视数字化对创意产业的影响

数字化技术的快速发展，对创意产业产生了深远的影响。数字化技术不但大大缩短了创意产业的创作过程，降低了创做成本，提高了

创意产品的创作质量（例如电影数字化制作等），而且也促成了创意产品销售渠道和消费者消费习惯的深刻变化（例如在线销售、在线支付和消费等）。为顺应数字化的发展，英国政府采取了一系列的措施。1998 年，政府对下议院特别委员会所提出的“多媒体革命”做出响应，开始积极计划应对数字化潮流；2000 年，Consumers Call the Tune 研究了数字化对音乐消费的影响及知识产权保障的重要性；2000 年，创意产业专责小组对互联网的影响进行了研究，并提出若干建议，政府于同年做出响应，提出了相应的具体做法；2002 年，Screen Digest Report on the Implications of Digital Technology for the film Industry 研究了数字科技对电影生产及销售的影响，并提出应对数字化发展趋势的电影产业政策。

三、日本推进先进技术的研究开发

日本《文化产业促进法》所规定的促进文化产业发展的措施中明确指出，为了能够生产出运用高技术（与摄像的制作、上映或传输等领域的技术革新进展相适应）的优质内容，国家应采取推进先进技术的研究开发和教育振兴等必要的措施。同时，为了培育能够生产出有魅力的内容并能够有效加以利用的人才，确保和提高他们的资质，国家应采取通过高等教育机构实施的内容事业的教育振兴、促进国内外的内容事业从业者间的相互交流、举办内容展览会、品评会之类活动等必要措施。

世界上文化创意产业较为发达的国家，在文化创意产业的某些领域大都拥有自身的核心技术。以“动漫王国”日本为例，日本是世界上最大的动漫制作和输出国，目前全球播放的动漫作品中有六成以上出自日本。为了加强企业的竞争力，日本政府透过经济产业省制定了一系列的设计振兴政策，其主要方向在于设计的普及和启发。

为了加强日本企业的设计力，日本在整备资金、人材、技术等商业基础，促进业界近代化、合理化等目标之下，总计有五项改革方案，其中最重要的一项就是支持并加强普及新技术的研究开发，具体内容如下：

支持以计算机视觉设计（CG Computer Graphic）技术为首之先端影响技术的相关研究开发；

促进电影制作、流通及上演等过程之数字化；

支持宽屏屏幕技术之研究开发；

支持数字内容流通技术的研究开发。

四、韩国推进新资讯技术与文化创作相结合

韩国把通过新的资讯技术与文化创作相结合，进而促进文化产业发展的技术称为“文化与内容技术”（Cultural and content technology），简称“CT”，是韩国极力推动的六大创新技术领域之一。

1997 年亚洲金融危机后，韩国政府开始将资源投入到资讯、娱乐产业等与文化相关的产业。在文化产业的人才、研发到完成生产后的国际行销等一系列环节进行协助和辅导，为韩国文化产业兴起做了准备。

1998 年，当时的韩国总统金大中与英国首相布莱尔共同发表“21 世纪设计时代宣言”，向国人宣示设计在国际竞争中的重要性，并与各国开展设计合作。同年，为了壮大数字内容与软件产业，成立游戏产业振兴中心和 IT 业振兴院。韩国政府推动包括中小企业在内的创新企业发展政策，其中包括税制、资金和人力资源三个方面对创新企业的支援。税制支援包括：创新企业原则上两年内免除各种税务调查，两年内免除 75% 不动产取得税，五年内免除财产税和综合土地税，六年内免除 50% 所提税。

在对文化创意产业的法律法令支持上，1997 年起，韩国制定《创新企业培育特别法》，针对数字内容等新行业进行激励。1999 年，韩国国会通过《文化产业促进法》，明确推进文化、娱乐及内容产业的发展。同时，韩国还制定了与特定领域相关的政策法令，如制定电子游戏产业的相关政策法令，修改与之相关的声音、录像、电子游戏产品的相关法令。

（《中国文化报》2014 年 1 月 18 日）

看国外如何提升文化消费力

不同于衣食住行等生活必须品的消费，文化消费需要外部力量的推动，才能使已经具备的文化消费能力转化为消费的现实。根据国际经验，当人均GDP超过5000美元时，居民消费将进入文化消费需求的旺盛期。按照世界银行数据，2011年中国人均GDP达到5445美元，已进入中高收入国家行列。2011年，北京、上海、天津、广州、深圳的人均GDP分别达到12447美元、12784美元、13058美元、15085美元和17018美元，以5市为代表的中国特大型城市已经进入“高收入经济体”区间。这些都表明我国已经进入了文化需求的旺盛期。如何借鉴国际经验，积极培育文化消费，使潜在的文化需求变为实际需求，对于拉动内需具有重要意义。

一、对文化消费进行补贴是发达国家的通行做法

发达国家普遍通过对文化消费的补贴扩大文化消费的规模。有赖于美国政府部门的大力支持，美国大都会大剧院的最低票价仅15美元，其3800个座位约有10%都以最低票价出售。法国、英国等国对演艺消费的补贴都非常多，基本能补贴到全部费用的2/3。韩国20世纪80年代的文化消费券政策是韩流文化席卷世界的主要原因。德国通过“Kulturlogen”和" Cultural Bag Pack" 两个文化发展计划，对文化消费进行补贴，从而保证年轻人和低收入者文化消费参与的平等权利。法国自2000年1月1日起，由国家提供补贴，保障所有的国家博物馆和纪念馆在旅游淡季中每个月挑选一个周日让18岁以下年轻人免费参观。而其所有的国家剧院会在周四用8欧元的统一价格对公众开放。所有荷兰27岁以下的年轻人均有机会以每年15欧元的价格申请Cultural Youth Passport，持有该护照的年轻人在进行文化消费时可享受3~7折优惠，折扣部分由国家进行补贴。而英国则从2004年开始实行“own Art”计划，英国的文化部门和全国的235个画廊合作，为艺术品购买提供最多2000英镑的赞助。

二、鼓励文化赞助成为国际公益性及准公益性文化发展的通则

法国，许多大企业都把赞助文化活动作为企业的一项战略，可在公关和减税两方面获益。为保证文化赞助有序进行，法国成立了全国性的文化赞助最高委员会，由企业家、艺术家和政界代表共同组成，负责协调企业赞助事宜。法国政府以文化赞助税制为杠杆，以企业自身的经济利益为动力，驱动企业积极参与文化活动，对文化发展的作用不可低估。

德国，针对政府对文化投入不足的状况，许多企业承担起保护德国文化并资助其发展的责任。在过去的15年里，德国文化界与企业界的合作取得了令人瞩目的进步。许多企业认为，对文化的赞助比短期的广告效应更为长远和有效。1996年，德国成立了由60家企业组成的文化赞助的工作机构，将尊重和保证艺术自由作为文化和经济合作的基础，力求经济界和社会公众对文化赞助投入更大的注意力。

日本政府对高收入的个人和高盈利的企业课以重税，而对于赞助文化事业者则采取减免税收等优惠政策，有效地刺激了民间企业和个人对文化事业的捐助。日本社会各界的捐资、赞助，不仅使文化事业获得重要的资金来源，也密切了文化与经济的关系，促进二者互相带动、互相推进。日本文化团体的董事会或理事会均吸收工商金融界人士参加，形成各界人士共同为文化事业发展出谋划策、出资出力的局面，而文化事业的发展常会产生连带消费，反过来在一定程度促进经济的繁荣。

三、发达国家经验表明，公共文化的普及对文化创意产业的发展至关重要

只有在公共文化的普及达到一定程度和规模后，才能有文化养成的社会氛围，才能催生出大的、健康的文化消费市场。英国政府就特别注重提高市民的文化创意水平和享受文化创意的意识。2000年，在《The Next 10 Years》中，从教育培训、扶持个人创意及提倡创意生活三个方面，研究如何帮助公民发展及享受创意，并采取了一系列的措

施，包括开放更多的博物馆及将所有数据档案数字化等，这些做法为人们提供了更多的文化创意接触机会，使他们可以发展创意、享受创意生活，并为产业的发展提供了基础。

四、文化消费的综合体和集聚区趋势

全球城市中心区的文化消费聚集趋势明显，洛杉矶的好莱坞、纽约的百老汇、巴黎的塞纳左岸书店区、悉尼歌剧院等空间区域，都是城市文化消费发展的核心聚集区，在彰显城市魅力的同时提供良好的文化消费体验。同时，不同类型的文化消费业态在城市的不同空间集聚，也在逐渐形成特色的文化消费聚集区，北京 798 当代艺术区就显示出了文化消费聚集区的魅力。同时，文化消费向高度集约化的城市综合体聚拢的趋势同样明显，澳门新濠天地就是这种趋势的典型代表，集文化娱乐、文化演艺、购物消费、酒吧、餐饮等功能于一体，成为文化消费发展的地标。

五、虚拟与现实的无缝交融

虚拟技术的集成应用与创新，正给全球文化消费市场带来全新的虚拟感受，文化消费的体验参与程度不断加深，电影技术的飞跃正使得 3D 特效电影盛行，《阿凡达》通过全新的虚拟技术应用带领人们进入一个崭新的未知世界的探索，营造了对未知世界的美好体验，创造了 3D IMAX 版电影的票房奇迹；微软推出的 Xbox360 Kinect 体验游戏设备，将人体的全息扫描映射到电子设备中，增加玩家在游戏时的参与感和体验感，实现了虚拟游戏与真实体验的完美结合。事实上，从街机游戏到网络游戏，从扮演角色到建立虚拟社会，再到 3D 甚至 4D 时代对视觉与触觉的刺激，技术对真实世界的虚拟化正逐步深入到文化消费的各个细分领域。

六、金融危机背景下美国加州开启电影证券化的序幕

2008 年爆发的金融危机严重影响了美国电影业的融资。在此背景下，加州作为美国电影工业的发展基地，将拍摄期的电影的未来收入放到金融市场上交易，并获得前所未有的成功，开启了美国及全球电影期货的序幕。2009 年，美国 Cantor Fitzgerald 金融服务公司和私人投

资集团 Veriana 两家公司开始筹划电影期货交易市场，目前已获美国商品期货交易委员会（CFTC）的初步批准，允许其分别开设一家以电影票房收入为标的物的期货交易所。电影期货能够降低制片商投资电影产业的风险，并且可作为一种新的电影融资渠道。

七、文化消费大都在终端

伴随平板电脑、电子阅读器、智能手机等智能终端市场的兴起，打破了传统文化消费业态的线性发展模式，全球文化消费市场正日益凸显终端集成化的趋势。根据苹果公司发布的数据显示，截至 2012 年 3 月，App Store 应用下载程序达到 55 万款、应用下载量超过 250 亿次，iPad 已经将浏览网页、阅读和发送电子邮件、欣赏照片、观看视频、听音乐、玩游戏、阅读电子图书等功能融为一体。与此同时，在美国，使用 Amazon 的 Kindle 进行阅读的人越来越多，正在替代传统的纸质阅读，只需每月支付 10 美元费用，报纸将自动下载到 Kindle 中，纸质书籍、报纸、杂志正面临危机。

八、中心城市引领全球文化消费

文化消费的全球化时代，催生了纽约、巴黎、伦敦、悉尼等在全球范围内具有广泛影响的世界文化中心，纽约的商业文化、巴黎的时尚文化、伦敦的创意文化、悉尼的歌剧文化等快速向全球范围传播，成为全球文化市场的枢纽，处于全球文化消费发展的核心位置和引领地位。

（《文化产业》2013 年第 9 期）

六、北京文创

文化创意产业如何促进北京经济转型

“十三五”期间，北京将大力推进经济转型升级，努力形成高端引领、创新驱动、绿色低碳的产业体系，在这个过程中，文化创意产业将发挥不可替代的重要作用。这是由文化创意产业三大特征决定的，一是“绿色”，文化创意产业属于智慧密集型新兴产业，具有高知识性、高附加值和强融合性特点，不仅资源能源消耗小、环境污染少，而且可以优化人口结构；二是“高效”，文化创意产业既可以是典型的创意经济，通过较小投入实现高收益；又可以是资本和技术大投入、大产出的产业，对经济发展具有很强的带动性；还可以是劳动密集型产业，大量吸纳劳动力就业；三是“协调”，既能推动经济发展，又事关文化和社会建设；既可以增加 GDP 和就业岗位，又可以通过文化产品和服务给人以精神享受，有助于纾解社会矛盾。

一、文化创意产业促进北京经济转型的现状

通过统计数据来看，文化创意产业在促进北京经济转型中的作用日渐增强，独特优势正在逐步显现。2014 年，北京按照“四个中心”战略定位，积极构建“高精尖”经济结构，疏解非首都功能，带动工业和批发零售业增加值增速分别下降 1.8 和 1.1 个百分点。文化创意产业搭上产业结构调整的“顺风车”，快速填补本市功能疏解留下的产业空间，加之近年来国家陆续出台的文化产业扶持政策，也不断提升着市场信心和投资热情。

（一）支柱地位更加稳固，继续引领经济增长

在整体经济发展进入新常态，增速换挡的形势下，北京市文化创意产业逆势上扬，表现出较强的抗衰性。2014 年，北京文化创意产业实现增加值 2794.3 亿元，而 2005 年仅为 674.1 亿元；占全市 GDP 的比重提高到 13.1%，创历史新高，而 2005 年仅为 9.7%。从横向比较，无论绝对值还是占 GDP 的比重都超过中国第一经济重镇上海。从 2005 年到 2010 年，北京市文化创意产业年均增速为 20.3%，超过全

市地区生产总值年均增速 5.1 个百分点。

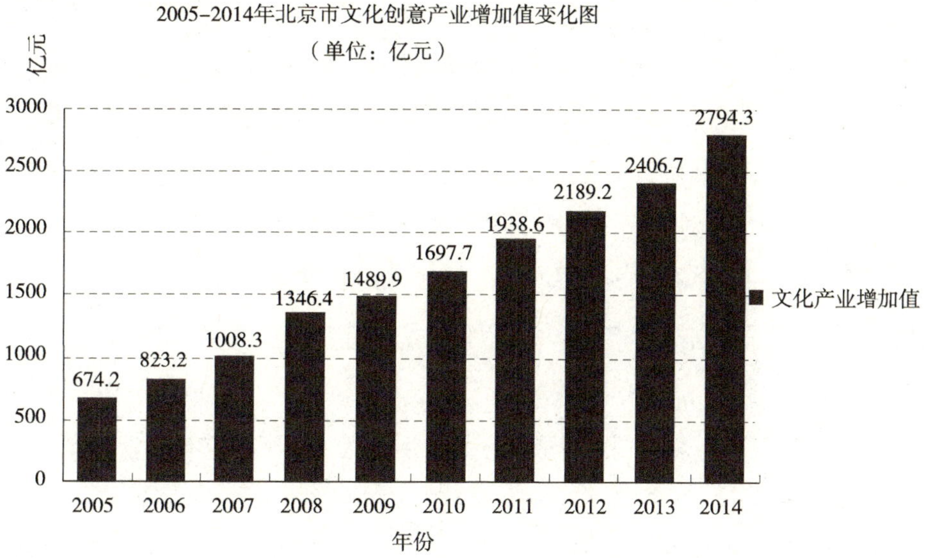

（二）新兴业态增长迅速，行业结构更加优化

在文化创意产业九大类别中，文化科技类业态持续发力。其中，信息传输、软件和信息技术服务业（该行业共 17 个小类，14 个属于文化创意产业）实现增加值增长 11.7%，高出全市 GDP 增速 4.4 个百分点，对增加值占比突破 13% 起到关键作用。此外，新兴业态增长迅速，也是增加值取得突破的又一重要因素。2014 年，全市动漫游戏业实现产值同比增长 69%，占全国动漫游戏业产值的近 1/3。

传统文化行业积极应对互联网与新媒体冲击，自觉跨界融合，回升态势明显。2014 年规模以上文化艺术业、广播影视业实现收入同比增长分别为 8.5% 和 11.6%，增幅分别较上年提高了 1.4 和 2.4 个百分点。艺术品交易业实现收入同比增长 17.1%，增速是上年的 2.2 倍。

（三）经济效率不断提升，产业优势日益凸显

目前，北京市文创从业人员 109.7 万人，根据北京市委宣传部副巡视员梅松的推算，人均创造收入 67 万元，而北京市金融业人均创造收入 69 万元，仅比文创行业多 2 万元。但是人均行业创造收入最高的并不是金融业，而是文创行业的艺术品交易拍卖，人均创造收入 587 万元。文化创意产业的设计服务业也相当高，人均创收 267 万元。从横向比较，北京市整体人均经济绩效低于上海，整个服务业北京市比上海市人均绩效也低 5 万元，但是上海市文化创意产业比北京市少 10 万元，大约是 57 万元。

（四）资本市场十分活跃，发展动力日益增强

资本仍是驱动文创产业发展的重要力量，在投资形势整体趋紧的情况下，北京文化创意产业去年仍完成固定资产投资 323.4 亿元，完成全年目标。其中，民间资本投资积极性高涨，占总量的 60%。仅从文化产业投资基金看，北京成为最为活跃的地区。在社会融资方面，文化领域渐成资本新蓝海，各渠道融资增势较好。

2014 年北京市累计发放文化创意产业贷款 823.4 亿元，同比增长 12.2%。中文在线等 9 家文化创意企业上市，占全市新上市企业的一半。截至 2014 年底，北教控股等 141 家文化创意企业在新三板挂牌，占全市挂牌企业的 39.8%。

（五）文化消费逐步激活，拉动作用更加突出

近几年，北京人的文化消费需求不断释放，消费对产业发展的拉动作用更加突出。2014 年，北京城镇居民家庭人均文化娱乐服务和用品支出 3164 元，同比增长 8.7%。全市演出票房收入 14.96 亿元，同比增长 3.7%；北京人均电影票房依然位居一线城市首位，电影票房收入 22.9 亿元，同比增长 24%。不过，文化消费潜力仍有很大释放空间，目前北京文化消费占家庭总支出比重为 11.3%，距离欧美地区还有较大差距。

二、文化创意产业促进北京经济转型的难点

（一）创新创意能力与西方发达国家相比还较弱

中国文化创意产业的一个突出问题就是普遍缺乏核心动力，即创新力或创意力。创意或创新是文化创意产业的核心要素，创意不能得到激活，文化产业的发展活力必然受到极大抑制，也就只能停留在传

统文化产业的水准，不能实现现代文化产业应有的高收益，也无法确立其在整个产业体系应有的地位。中国与西方发达国家从历史、文化到体制和社会结构等都有差异，其中的一些差异使我国文化企业“创新”不够，少有“颠覆性”产品出现。

（二）产业政策竞争明显加剧，企业和项目外流不容忽视

全国大部分省市都把发展文化（创意）产业提到了前所未有的高度，不少省市提出了文化强省、文化强市的战略目标，出台了针对性很强的招商引资政策，如降低企业经营成本（免房租或给予租房补贴、宽带资费优惠、地价优惠等）、给入驻企业一次性奖励或补贴、对项目给予财政资金资助、税收返还、为人才提供优厚待遇等，对北京企业形成了很强吸引力，造成许多企业总部外迁或项目外流。这些政策产生了与北京市争夺文化创意资源的结果。

以影视业为例，华谊兄弟等公司将上市公司总部注册在浙江横店，其统计和纳税都在横店；有的公司将影视的立项、拍摄制造和发行销售等重点环节放在外地，形成北京影视产业的空心化。在横店的影视企业有相当一部分是北京有实力的公司。在西安曲江注册的 83 家影视企业中将近一半是北京的影视公司。据媒体报道，万达集团总部也计划从目前的北京搬到上海。动漫游戏业也存在类似问题，广告会展的几大会展项目也都迁往外地办展。

（三）体制性障碍制约产业发展，造成市场体系不够发达

目前文化市场是按部门、行业和区域分割的，使本应完整的文化创意产业链条发生断裂，导致市场配置资源的基础性作用无法得到充分发挥。

以新闻出版业为例，虽然部分国有出版机构已经转制成企业，但事业单位的管理模式尚未完全改变，造成管办不分，出版单位缺乏活力和市场敏感性，难以适应市场经济的发展。而对于日趋活跃的民营出版机构，因出版政策和管理方面的原因，目前主要靠购买书号运营，造成其经营行为大多处于灰色状态，不敢浮出水面。又如，动漫游戏业主管部门涉及文化、广电、新闻等多个部门，分头管理，责任分散，缺乏有力的统筹协调机制和平台，难以形成合力，影响和制约了行业发展。

（四）文化创意人才结构性匮乏，引进高端人才乃当务之急

文化创意产业发展需要人才的支撑，尤其需要集聚一大批具有国际知名度的高层次文化创意人才，目前文化创意产业人才结构性匮乏已成为制约我市文化创意产业快速发展的重要因素。

以动漫游戏业为例，目前北京动漫游戏教育体系不完善，高校动漫游戏专业毕业生无论数量还是质量都不能满足市场需求，而且所培养人才仍以低端制作人员和纯研发人员为主，创意、创作人才缺口很大，人才结构严重失衡。艺术品交易、广告会展、文化旅游、广播影视等行业也面临相同问题。各行业都缺乏懂创意、善经营、会管理的复合型高端人才。引进高端人才，打造北京文化创意人才高地已刻不容缓。

（五）文化创意产业税收政策需要完善

与发达国家相比，我国的文化产业税收负担仍然相对较重，税收负担水平也存在不均衡现象。从增值税负担来看，绝大多数欧盟成员国和准成员国对文化产业的增值税税率都低于增值税的标准税率，比如，比利时增值税标准税率是21%，而文化产业除付费电视和有线电视的最低税率是6%或零税率；捷克增值税标准税率是22%，而文化产业实施5%的低税率甚至免税；德国增值税标准税率是16%，而文化产业实施7%的低税率甚至免税；爱沙尼亚增值税标准税率是18%，部分文化产业实施5%的低税率甚至免税；希腊增值税标准税率是16%，而文化产业实施4%或8%的低税率甚至免税；西班牙增值税标准税率是19.6%，而文化产业实施4%或8%的优惠税率甚至免税；卢森堡增值税标准税率是18%，而文化产业实施5%的最低税率。此外，我国文化产业税收政策还存在其他问题，比如现行增值税对文化产品的重复征税问题，扭曲了政策的效应；文化事业费似税非税，不利于发挥税收对文化产业的调节作用。去年国务院下发的《关于加快发展对外文化贸易的意见》等文件对文化产业税收提出了优惠政策，但还是局限于部分领域，比如可认定为高新技术企业的文化企业，国家重点鼓励的文化创意和设计服务出口等方面。

三、文化创意产业促进北京经济转型的对策

（一）借鉴国际经验，培育北京的创意（新）环境

北京要借鉴西方发达国家经验，在各个环节上大力促生社会整体、特别是文化产业层面的创意与创新能力。英国政府特别注重提高市民的文化创意水平和享受文化创意的意识。2000 年，在《The Next 10 Years》中，从教育培训、扶持个人创意及提倡创意生活三个方面，研究如何帮助公民发展及享受创意，并采取了一系列的措施，包括开放更多的博物馆及将所有数据档案数字化等，这些做法为人们提供了更多的文化创意接触机会，使他们可以发展创意、享受创意生活，并为产业的发展提供了基础。

纽约作为世界艺术之都，其面对面交流的活力机制部分依赖于环境建设：步行而至的酒吧、俱乐部、餐厅和社区。设计大师吉尔斯对此评论到：纽约的这种创意氛围在依赖于汽车代步的城市中几乎是不可能发生的，比如华盛顿，甚至洛杉矶。纽约的 90% 的设计师都在当地接受过正规教育；绝大多数都接受过正规培训。

除了以上经验，北京还应研究如何更好的利用公共空间，比如机场、火车站、公园，在这些地方进行设计展示展览，让更多的人更方便的接触设计艺术。创造更好的创意创新社交条件，比如成立设计师协会、举办时装周等活动；利用大学孕育人力资本、提供社交网络（本地的和全球的）；引进更多与国际同步、具有国际水准的文化创意活动，创造更多机会让国际一流文化创意人才与北京同行交流。适度鼓励夜生活等社交网络的建设。

（二）完善文化创意产业人才培养、引进与使用机制，打造文化创意人才高地

比照中关村国家自主创新示范区的做法，在文化创意人才的培养、引进、使用和奖励等方面进行制度创新。

第一，突破行业界限，划分出中国的创意人群。英国、美国的实

践证明，只有突破传统的行业门类，造就“复合型”文化创意人才群体，才能保持文化创意产业的领先之势。著名创意经济学家理查德·弗罗里达指出，创意不是简单的部门或行业分类，创意在当代经济中的异军突起表明了一个职业阶层的崛起，现代社会完全可以分化成四个主要的职业群体：农业阶层、工业阶层、服务业阶层和创意阶层。基于这样的认识，北京市要把文化创意产业与其他行业剥离开来，形成一个独立的产业形态，充分发挥其对新经济的统领作用；创新创意人才的培养模式，通过整合分散在各个行业的优势资源，推动一个“创意人群”的形成，让这个群体直接体现出城市不竭的创新能力。

第二，构建多渠道、多形式、多途径的立体化人才开发培养体系。首先，利用高等院校和科研机构，形成本专科生、研究生以及 MBA 等立体式文化创意产业人才培养体系。其次，实施产学研一体化的教育模式，推进企业、学校和研究机构的合作教育，加快复合型和应用性人才的培养。再次，加强文化创意产业人才国际交流与合作，积极发展网络教育，促进海外人才在京创业发展，鼓励人才流动，不求所有、但求所用。最后，探索形成文化创意人才市场化培养机制。

第三，完善文化创意产业的相关学科体系。高等院校可开设综合性的文化创意产业专业，专门培养文化创意产业经营管理和营销策划的高层次人才。由于文化创意产业是多行业和宽领域的行业，可考虑在文化创意产业专业下面开设有关专业方向，以深化某一子行业知识和技能的教育。可在强化原有专业教育的基础上，增设经济管理类和科学技术类（特别是信息技术、数字技术和网络技术）课程，培养既懂文化艺术创作，又懂专业技术和经营管理的复合型人才。

（三）要处理好“引进来”和“走出去”的关系

“引进来”和“走出去”是加快我国文化产业发展的重要方式。根据研究机构报告，2010 年至 2013 年，中国文化产品出口贸易额逐年攀升，年均增幅达 17.2%。2013 年，中国出口文化产品总额 91.9 亿美元。从最近举办的第五届北京国际电影节来看，共吸引了来自 25 个国家和地区的展商，国际展商超过一半。中国文化企业走出去也迈开了重要步伐。2012 年，万达集团收购全球第二大院线集团 AMC。中国的四达时代集团是目前非洲第二大数字运营商，在非洲 14 个国家开展数字电视运营。

尽管中国文化产品出口在近几年发展较快，但出口规模仍然偏小，仍然存在较大的文化贸易逆差，从全球文化产业发展来看，高新技术、数字内容、自主知识产权的新兴文化产业是发展趋势，而中国目前的文化产品结构相对传统、单一，缺乏自主知识产权、高利润和高附加值的原创文化产品，在全球文化市场中中国所占比重仅为 4%，发展空间有待进一步挖掘。

从北京市来看，文化进口大大超过出口，失衡严重。据海关统计，2011 年北京地区累计进出口文化产品 5.7 亿美元。其中，出口 1.7 亿美元；进口 3.9 亿美元。

文化国际影响力是通过文化的输出来实现，文化出口水平低大大影响了北京的文化影响力，也与北京丰富的历史文化资源极不相称。文化的输出包括了文化事业和文化产业的输出。为了加强文化产业出口，必须完善文化出口产业相关规划和配套政策；为文化出口产业营造良好的法制环境；制定文化出口产业指导目录；打造文化出口产业的品牌；发挥海外华侨、华人和留学生的作用。

（四）处理好大企业与中小微型企业发展的关系

从文化产业发展战略上讲，一方面要培育具有较强竞争力的跨行业、跨区域、跨国界的大型文化企业集团，带动整个产业的发展和国际化水平的提升，另外还要积极鼓励中小文化企业发展，做到骨干文化企业要顶天立地，中小文化企业要遍地开花。

目前，前一方面强调的比较多。创意产业不同于传统产业，很多都是灵活、富于创新的中小企业，如独立工作室、时装设计公司、小型文艺公司、数码设计公司、广告公司等，这些企业适合以民营企业的形式存在和发展。从国外经验看，整个文化创意行业的增长主要依靠私营的中小企业。因此，增加政府对民营文化创意企业支持力度，吸引大量民间资本投入文化创意产业，大力发展民营文化创意中小企业，是中国文化创意产业的重要环节。

由于小企业在创业之初往往会遇到很多困难，政府应该采取有效的政策措施，在资金援助、咨询建议、知识产权保护、技能培训、网络服务和场所等方面给予大力扶持。尤其考虑扶持那些有明确商业模式和发展规划前景的中小企业。

（五）加强北京市文化创意产业品牌培育力度

2012 年 2 月国务院颁布的《质量发展纲要（2011～2020 年）》强调，要大力实施名牌发展战略，发挥品牌引领作用，开展知名品牌创建工作。品牌是唤起消费者重复消费的最原始动力，是消费市场上的灵魂。根据联合国工业发展组织统计，全球有 8.5 万个品牌，其中著名品牌所占比例不到 3%，却拥有 40% 以上的市场份额。没有品牌，企业就失去生命力，创立自主品牌，提高品牌的附加值，更是文化产业制胜的利器。目前，北京文化品牌培育方式还比较简单，很多是泛滥的广告，其效果可想而知。需要大力加强品牌培育与营销。

要采用营销方法，提高地方美誉度。国外国家营销的案例很多。比如韩国济州岛的旅游业者无论如何也不会想到，这个小小的岛屿会因为一对少男少女的初恋而闻名。这对来自电视剧《冬季恋歌》的名叫“姜俊相”和“郑维真”的少男少女曾经在这里的林阴大道上漫步，凄美的爱情故事在让无数人落泪的同时也带动了当地的旅游和商业。韩国旅游局很快注意到了这一点，他们开始利用影视剧做文章。这一招对年轻人尤其有效。根据不完全统计，20 多岁至 30 多岁的赴韩中国游客中，至少有 50% 以上是受到韩剧文化营销影响。新西兰，迄今为止，新西兰最著名的电影非《指环王》三部曲莫属，该片是由新西兰导演彼特·杰克逊执导。杰克逊还在惠灵顿设立了威塔工作室。因此，许多海外的电影和电视制作人纷纷看到了在新西兰拍片的强大优势。电影一度成为其向世人展示和营销国家形象的最好方式之一。

（《北京文化创意》2015 第 5 期）

北京市文化创意产业基本评估与发展对策

文化创意产业是以创作、创造、创新为根本手段，以文化内容和创意成果为核心价值，以知识产权实现或消费为交易特征，为社会公众提供文化体验的具有内在联系的行业集群。北京市文化创意产业主要包括：文化艺术；新闻出版；广播、电视、电影；软件、网络及计算机服务；广告会展；艺术品交易；设计服务；旅游、休闲娱乐；其他辅助服务，共九大类。目前，文化创意产业已经成为首都经济的重要支柱和新增长点。“十二五”时期，如何着眼于建设中国特色世界城市，立足促进首都产业升级，推动文化创意产业竞争力进一步提升，把北京建设成为具有国际影响力的文化创新、运营、交易和体验中心，是一项重大任务。这就需要在对北京市文化创意产业客观评估的基础上，针对存在的突出问题，提出科学的发展对策。

一、北京市文化创意产业实力评估

（一）北京文化创意产业基础雄厚，发展迅速

根据北京市统计局数据，2004~2010年，文化创意产业以年均18.4%的速度增长，超过同期地区生产总值平均增速3.6个百分点，劳动生产率12.97万元/人，高于第三产业平均劳动生产率，显示出强大的增长能力。文化创意产业已经成为北京市服务业的重要组成部分，成为仅次于金融业的第二大产业。2010年北京市文化创意产业实现增加值1692.2亿元，比上年增长13.6%，增加近200亿元，占全市GDP比重12.3%。北京市规模以上文化创意产业的企业近8000家，占全市规模以上企业总数的13.7%。在高新技术产业、先进制造业等产业增速有所放缓的情况下，北京市文化创意产业逆势而上，显示了强劲的发展活力，成为推动北京经济发展的重要力量。

表1　2004－2010 年北京市文化创意产业总体发展概况

年份	2004 年	2005 年	2006 年	2007 年	2008 年	2009 年	2010 年
增加值（亿元）	613.7	651.0	784.4	961.6	1346.4	1489.9	1692.2
占北京市地区生产总值比例（%）	10.1	10.2	10.3	10.6	12.1	12.3	12.3
对 GDP 增长贡献率（%）	——	3.98	11.62	10.25	30.34	13.82	12.45
对 GDP 的拉动度（%）	——	0.62	1.91	2.18	3.91	1.29	1.27
从业人员（万人）	74.7	83.9	89.5	102.5	107.0	114.9	——
劳动生产率（万元/人）	——	——	8.76	9.38	12.58	12.97	——
资产规模（亿元）	4636.7	5140.3	6161.0	7260.8	8275.1	9535.3	——
业务收入（亿元）	2468.0	2793.6	3614.8	4601.6	5439.6	5985.7	——

资料来源：北京市统计局

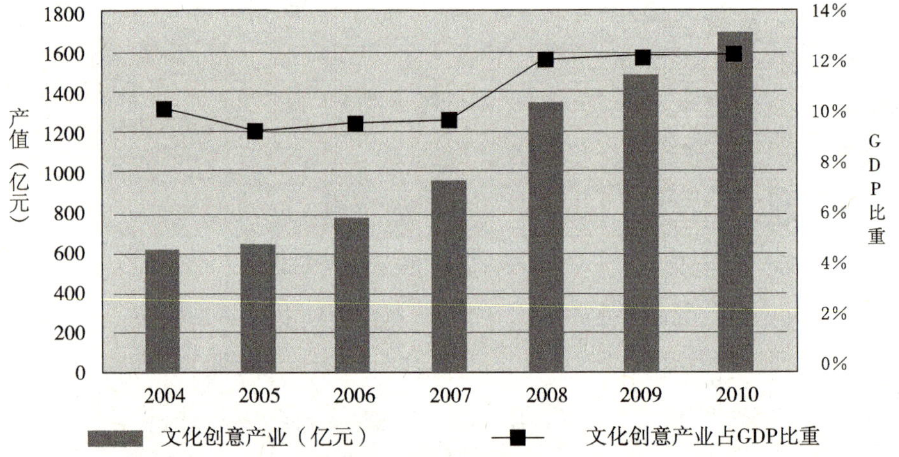

图1－1　2004－2010 年文化创意产业产值及占 GDP 比重情况

（二）北京市文化创意产业优势和特点凸现

产业支柱地位得以确立，文艺演出、新闻出版、广播影视等行业整体实力日益雄厚。北京市文化创意产业门类齐全，有多个优势产业和特色产业。尤其是电影电视行业，发展成就令人瞩目。2010 年北京电影票房收入达到 11.8 亿元，比上年增长 46%，连续四年全国第一。北京是全国影视制作的龙头基地，60% 的影视制作机构云集北京。以电视剧产业为例，每年电视剧的生产数量北京占到了三分之一以上，遥遥领先于排名其后的广州和上海。“十一五”期间北京市出版业增加值年均增长保持在10%左右，年出版图书、期刊、报纸、音像制品、电子出版物的品种均居全国首位。值得一提的是，文物经营、拍卖和旧货市场交易业已经成为北京市文化创意产业发展的重要组成部分，并且具有较强的盈利能力，特别是潘家园旧货市场，成为了北京古玩旧货市场的一大品牌，在国际上有着令人瞩目的品牌影响。“十一五”期间，北京市各类文物艺术品拍卖总成交额达394亿元，居全国首位。此外，演出业、会展业、数字娱乐业、动漫产业等文化创意产业门类也都取得了可喜成绩。

表2　2004－2009年北京市文化创意产业分行业增加值

单位：亿元

项目	2004年	2005年	2006年	2007年	2008年	2009年
文化艺术	22.6	32.2	35.3	38.8	42.7	48.8
新闻出版	108.1	106.8	135.3	142.2	153.7	159.8
广播、电视、电影	54.9	78.0	73.5	102.7	120.1	124.5
软件、网络及计算机服务	229.2	261.4	336.7	436.7	703.1	710.5
广告会展	47.8	51.0	52.2	64.9	112.2	98.5
艺术品交易	11.5	7.1	10.1	13.8	20.5	30.9
设计服务	70.6	31.6	40.2	49.2	52.8	76.4
旅游、休闲娱乐	27.0	37.6	48.4	50.2	58.4	60.7
其他辅助服务	42.0	45.3	52.7	63.1	82.9	179.8

资料来源：北京市统计局

（三）北京市文化创意产业空间集聚和政策支撑体系初步形成

“十一五”时期，北京市组织认定了30个市级文化创意产业集聚区，覆盖全市16个区县，集聚文化创意企业上万家。从集聚区规模看，仅“798”艺术区就有450多家企业入驻，2010年参观人数超过200万人次。初步形成了以中轴线文化和两翼文化为骨架的整体空间布局，一批特色产业聚集区正在逐步形成，并呈现不同的发展模式。

中轴线是北京历史文化区，以历史文化旅游为特色；北端以奥运体育、演展文化为重点；南端为国家新媒体产业基地，以影视、动漫游戏、网络出版原创为基础；左翼是中关村科技教育创新中心和石景山数字娱乐体验中心；右翼是以大山子为中心的现代艺术区和国际传媒贸易中心，以及以中国传媒大学为中心的三间房文化创意产业园区。

2010 年，北京又认定了 9 个文化创意产业集聚区，使得北京市文化创意产业集聚区总数达到 30 个，覆盖全市 16 个区县。这些集聚区功能清晰，涵盖文化创意产业八大门类。

表 3　北京市文化创意产业集聚区列表

认定时间	认定个数	集聚区名称
2006 年 12 月	10	中关村创意产业先导基地、北京数字娱乐产业示范基地、国家新媒体产业基地、中关村科技园区雍和园、中国（怀柔）影视基地、北京 798 艺术区、北京 DRC 工业设计创意产业基地、北京潘家园古玩艺术品交易园区、北京宋庄原创艺术与卡通产业集聚区、中关村软件园
2008 年 3 月	11	北京 CBD 国际传媒产业集聚区、顺义国展产业园、琉璃厂历史文化创意产业园区、清华科技园、惠通时代广场、北京时尚设计广场、前门传统文化产业集聚区、北京出版发行物流中心、北京欢乐谷生态文化园、北京大红门服装服饰创意产业集聚区、北京（房山）历史文化旅游集聚区
2010 年 3 月	2	首钢二通厂中国动漫游戏城、北京奥林匹克公园
2010 年 11 月	7	八达岭长城文化旅游产业集聚区、古北口国际旅游休闲谷产业集聚区、斋堂古村落古道文化旅游产业集聚区、中国乐谷－首都音乐文化创意产业集聚区、卢沟桥文化创意产业集聚区、北京音乐创意产业园、十三陵明文化创意产业集聚区

表 4　30 个市级文化创意产业集聚区的地区分布

区县	集聚区	数量
东城区	中关村科技园区雍和园，前门传统文化产业集聚区	2
西城区	北京 DRC 工业设计创意产业基地，琉璃厂历史文化创意产业园区	2

续表

区县	集聚区	数量
朝阳区	北京 798 艺术区，北京潘家园古玩艺术品交易园区，北京 CBD 国际传媒产业集聚区，惠通时代广场，北京时尚设计广场，北京欢乐谷生态文化园，北京奥林匹克公园，北京音乐创意产业园	8
海淀区	中关村创意产业先导基地，中关村软件园，清华科技园	3
丰台区	北京大红门服装服饰创意产业集聚区，卢沟桥文化创意产业集聚区	2
石景山区	北京数字娱乐产业示范基地，首钢二通厂中国动漫游戏城	2
门头沟区	斋堂古村落古道文化旅游产业集聚区	1
房山区	北京（房山）历史文化旅游集聚区	1
通州区	北京宋庄原创艺术与卡通产业集聚区，北京出版发行物流中心	2
顺义区	顺义国展产业园	1
大兴区	国家新媒体产业基地	1
昌平区	十三陵明文化创意产业集聚区	1
平谷区	中国乐谷－首都音乐文化创意产业集聚区	1
怀柔区	中国（怀柔）影视基地	1
密云县	古北口国际旅游休闲谷产业集聚区	1
延庆县	八达岭长城文化旅游产业集聚区	1

在文化创意产业发展过程中，国有和民营文化企业并肩发展，2010 年 1 至 11 月，在规模以上文化创意产业单位中，非公有制及混合所有制单位实现收入 4483.2 亿元，占全市规模以上文化创意产业比重的 80.5%。

在发展文化创意产业的过程中，北京市对重点文化工程和文化基础设施投入持续加大，促进文化与科技的融合发展，将文化体制改革向纵深推进，使文化市场主体的活力和竞争力显著增强。“十一五”期间，北京市设立了文化创意产业发展专项资金，每年安排 5 亿元面向社会支持文化创意产业发展，5 年来共支持项目近 600 个。市发改委固定资产投资近 6 亿元，累计支持 10 个文化创意产业集聚区的 22 个项目，项目总投资 10.6 亿元。另外，北京还积极促进文化与金融对接，构建文化创意产业投融资服务体系、加速产业集聚和项目落地、深化文化体制改革，助推文化创意产业发展。

二、北京市文化创意产业发展面临的主要问题

近年来，北京文化创意产业发展迅速并取得一定的成绩，在国民经济中的支柱地位已初步确定，但受体制、人才、环境等多方面因素的影响，其发展中还存在一定困难和问题。

（一）文化体制改革相对滞后，非公有制经济发展相对薄弱，市场化程度不高

北京虽是全国文化体制改革试点地区之一，但是北京文化体制改革还相对滞后于文化创意产业的发展。这种滞后主要从两个方面影响了文化创意产业的发展。

一方面，文化体制改革的滞后影响文化创意产业的市场化，导致非公有制经济发展相对薄弱。目前，北京在文化艺术、新闻出版、广播影视等领域仍然存在市场化不足的问题。以新闻出版业为例，北京期刊业中，中央各部门主办的行政性期刊占有较大比例，近 3000 种期刊中仅有约 200 种期刊由民营资金所控制，100 多种期刊引入外资；虽然部分国有出版机构已经转制成企业，但事业单位的管理模式尚未完全改变，权力介入出版经营，造成管办不分，出版单位缺乏活力和市场敏感性，不适应市场经济的发展。由于文化体制改革相对滞后，相当数量的国有文化经营单位未能成为真正的市场主体，政企不分、政事不分现象依然存在。此外，北京市文化创意产业的资本结构中国有资本的比重超过 70%，国有资本比重过高，民间资本比重低，民营企业的机制灵活、成长性好等优势，还没有在文化创意产业中发挥出来，不利于北京文化创意产业的发展。

另一方面，文化体制改革的滞后影响创意的发挥，不利于形成百家争鸣、百花齐放的文化环境。文化产品从精神层面影响受众，反映社会现实是其职责和作用。随着受众教育水平的提高，其对文化产品的内涵要求也迅速提升。而目前，许多政府部门制作的影视作品，其内容很难满足受众的审美和精神需求。同时，政府部门对文化产品的价值导向监督过严，一定程度上抑制了文化创意产业的创新能力。

（二）北京文化创意产业尚未形成高效、顺畅、完整的产业链

目前，文化创意产业市场主要按照部门、行业和区域进行分割，这使本应完整的文化链条发生断裂，不利于规模经济和范围经济，且造成经营管理上的诸多困难。

文化创意产业链条以创意为核心，通过产品的制造和营销，并通过后续衍生产品的开发，形成上下联动、左右衔接、一次投入、多次产出的链条。在这个链条中，创意是核心价值，产业链通过创意的“价值扩散”来实现——原创企业通过合作开发、专利技术或者版权转让形式，把创意的核心价值扩散到周边关联产业中，形成长线生产能力，扩大产业链的规模。根据文化创意产业发展规律，其产业价值链可分为资源、创作、生产、流通、展示等五部分，并呈现两个明显特点，即纵向不断延伸链条，产业链不断拉长、细分和开放，加入一些新的市场主体和价值创造者；横向不断深化分工和扩展协作伙伴，稳固和提升每一个环节的价值形成能力，逐渐催生出更加相互依赖、紧密协作的价值网络。

目前，北京的文化创意产业发展尚未形成高效、顺畅、完整的产业链。一方面在于，企业间在开发、生产和营销等环节上缺乏密切的协同和合作，企业自身的产品和服务难以融入到客户企业的价值链运行当中，难以获得较高的利润回报和竞争位势。另一方面，文化创意企业在融资方面存在困难，资本成为制约企业发展的重要因素。尤其对于产业链长、投资回收慢、启动资金多、风险大的产业，民间资本和金融资本为规避风险而较少介入。例如，网络游戏虽是一个利润极高的行业，但由于开发周期长，前期人员及广告投入使众多网游开发运营企业难以支撑，急需政府在资金方面给予支持。

（三）创新能力不足，文化资源优势远未转化为产业优势

北京文化资源丰富，拥有丰富璀璨的历史文化遗产，融合了我国不同历史时期、众多民族的优秀文化，聚集了一大批享誉全国的文化名人、文学家和艺术家。但是，北京文化创意产业发展中创意水平相对较低，文化资源优势尚未转化为产业优势。以动漫产业为例，我国的动漫产品目前仍偏向幼稚化、低龄化，情节老套，内容浅显。而且国产动漫对本土文化挖掘不足，缺乏鲜明的个性风格和民族特点。美、日等国却屡屡重新演绎中国传统文化名著、故事，《花木兰》《功夫熊猫》等动画片均获得较高利润。虽然我国动漫产业迅速发展壮大，但我国仍然是一个动漫消费大国而不是生产大国，美、日、韩等国家的动漫产品占据市场主导地位。国外动画片占国内90%以上的市场份额，国产动画片只占10%左右，北京也是如此。国产动漫产业竞争力不强，其深层次原因在于动画原创不足，许多动漫公司选择为国外动漫片“加工”。靠承包国外动漫片某些环节的制作，来获得微薄的收益。

技术创新能力较弱也是制约北京文化创意产业竞争力提升的关键因素之一。动漫网游产业原创部分的电脑绘画环节所使用设备——数字绘画板的关键技术长期被国外厂商垄断，导致数字绘画板等专业设备在国内的价格居高不下；虽然自主知识产权的T D—S C D M A标准打破了长期以来移动通信终端标准被国外标准所垄断的局面，但由于该标准的系统设备、专用芯片及底层软件等技术局限，还难以支撑移动电视、移动音乐、移动游戏等移动增值服务业发展。

（四）缺乏骨干企业和知名品牌，文化产业集中度不高

由于起步较晚和文化领域条块分割、市场壁垒等原因，我国的文化企业“软小散滥”问题比较突出。北京虽然已涌现出一批全国知名的文化创意企业，但整体数量、规模、经济效益等方面，都与发达国家和地区存在很大的差距，缺乏具有较强竞争力的大型跨国企业集团，难以带动整个行业的发展和国际化整体水平的提升。以影视传媒业为例，美国有以时代华纳为代表的25家跨国影视传媒企业，其中6家企业年销售额在15亿美元以上，业务范围涉及报纸、杂志、地面电视、广播、有线电视网络、多频道节目供应、视频分配等多个领域。反观北京的影视行业规模较小，仅有歌华等少数具有影响力的传媒集团，还没有形成跨媒体、跨地区、跨行业的大型传媒集团（央视等中央在京传媒体资源?）。世界领先的文化创意企业都具有较高的品牌价值，如2007年《商业周刊》评出的世界品牌价值100强中，迪斯尼品牌名列第9位，品牌价值达292.10亿美元。目前，北京文化创意产业缺乏知名品牌，尤其缺少在国际上有一定影响力的品牌。

不论从整个北京文化创意产业来看，还是从各细分行业来看，都处于市场集中度偏低的初级阶段，其中一个主要原因是市场发育不成熟。从资源配置的方式上看，部门和行业分割依然严重，市场配置资源的基础性作用没有得到充分发挥。从市场主体来看，小企业是文化（创意）产业的主体。由于文化体制改革相对滞后，相当数量的国有文化经营单位未能成为真正的市场主体，政企不分、政事不分现象依然存在。从主营业务来看，文化创意企业的主营业务内容分布较分散，其中从事多媒体和软件开发的企业数量最多。从事印刷和出版的企业数量排名第二。从事数字休闲娱乐的企业和从事广告的企业数量排名并列第三名。从事工艺和设计的企业数量排名第五。创意产业的领域多样化，但并未形成像日本的动漫、法国的设计那样鲜明的特色。

北京文化创意产业集中度低的另外一个原因是市场需求量的持续增大。市场集中度是市场容量的函数，在其他条件不变的情况下，市场需求量的增大会降低行业集中度。市场容量的扩大在客观上缓和了企业间的竞争程度，延缓了行业集中。就北京的创意产品需求来讲，消费结构升级带来的最终消费性需求增长、产业结构升级带来的对文化创意产业的生产性需求、文化体制改革带来的对文化创意产业的政策性及体制性需求正在被逐渐释放出来并有不断增强的趋势。

（五）北京文化创意产业人才不足，结构不合理

人才结构性短缺是制约北京文化创意产业发展的又一重要因素。文化创意产业是源自个人创意、技巧及才华的行业，是文化、知识和技术高度关联的产业，因而，它是一种极其依赖个体人脑和人的心智能力的文化创造活动。人才是创意产业最核心的生产要素，能否拥有大量的各类创意人才，是夺取创意产业发展制高点的决定性因素。北京作为首都，发展文化创意产业具有得天独厚的优势，但也同样遭遇人才瓶颈。尽管与国内其他省（市、区）相比，北京市的人才优势比较明显，但文化创意人才仅占从业人员的千分之一，与北京发展文化创意产业的巨大潜力还不匹配。不仅总量不足，北京市文化创意产业人才结构性短缺问题更为突出。结构性问题首先体现在高端原创人才短缺，导致原创产品很少，企业核心竞争力不足。其次，创意产业缺乏擅长将创意作品“产业化”“市场化”的复合型经营管理人才。从业人员往往是有内容知识的不懂技术，而懂技术的又缺乏内容知识。由于缺乏原创人员、经营管理人员，首都拥有的丰富的文化资源优势尚难以形成产业发展优势。此外，北京市文化产业发展在飞速发展的同时，也沿袭了有问题的经济增长模式，出现了同样的“GDP 挂帅”和“增长主义”倾向，一些领域存在泡沫化趋势，应加以改变。今后几年对于文化产业来说，既是大企业盘活存量、重新洗牌的机遇期，也是个人创业、建立中小企业的最佳时期。而目前主要问题还是国有资本没有从文化产业竞争性领域退出，民营资本准入限制过多，多种所有制共同发展的合理格局远未形成，极大地制约了文化产业现实潜力的充分发挥。

三、加强北京市文化创意产业支柱地位的对策建议

加快北京文化创意产业发展，必须认真学习贯彻中央重要指示精神，进一步提高文化自觉，增强文化自信，围绕建设全国文化中心的目标，加快体制机制创新，抓好文化资源整合，促进文化与科技融合。

（一）加快文化体制改革，激发文化创意产业的发展活力

一是要加大力度，整体推进全市文化体制改革。经营性文化单位体制、机制改革要到位，政策要到位。公益性文化单位的改革要做到政事分开，政企分开，加大投入，养事不养人。

二是要抓住机遇，做大做强文化产业，培育富有活力的文化市场主体。把文化产业发展与调整产业结构结合起来，培养新的经济增长点。要下决心做大做强文化产业，鼓励有条件、有实力的文化企业通过兼并重组等一系列举措，推动文化企业加快发展，在文化艺术、新闻出版和广播影视等领域打造若干资产规模、经营规模超百亿的大型文化企业集团。推进国有经营性文化事业单位转企改制，鼓励文化企

业实施跨地区、跨行业、跨媒体、跨所有制联合和兼并重组，走品牌化道路，着力培育一批有实力、竞争力强的品牌骨干文化企业。积极培育国家大剧院等世界一流的标志性品牌。放宽市场准入，鼓励民营资本进入文化创作、制作和交易市场。进一步发挥文化创意产业中介机构、行业组织的作用，积极发展战略投资者，支持文化创意企业发展上市。

三是要通过加快发展文化创意产业、举办文化会展等国际性活动，进一步巩固和强化北京的中国文化中心地位，提升北京文化的国际影响和竞争力。要加强对文化产品创作生产的引导，在影视、话剧、小说等领域，努力推出更多的精品力作，以更多更好的精神文化产品占领市场、服务群众。

四是要加快文化与金融和社会资本对接，进一步完善文化投融资服务体系。要利用首都资源优势，积极推动文化与科技、旅游、体育等产业的融合发展。

五是要加强统筹协调和宏观指导，组织编制好文化创意产业相关发展规划。要加强优秀文化创意人才的引进和培养，推进首都文化创意人才队伍建设。要进一步加大对文化建设的支持力度，为文化的大发展大繁荣提供有力保障。

（二）加大对文化创意产业的政策扶持，完善文化创意产业发展的投融资环境

一是要进一步完善文化创意产业投融资机制，促进文化与资本深度对接。

二是要健全融资服务平台，支持社会资本设立各类文化创意产业投资基金、担保公司、小额贷款公司，鼓励金融和保险机构开发面向文化创意产业的金融产品。

三是要在行政审批、企业兼并重组、财税支持、金融服务等方面进一步提供优惠政策并细化操作，同时创造公平竞争环境，使民间资本在进入领域获得均等的机会。

（三）加强配套基础设施建设，给文化创意产业提供服务平台

一要规划建设文化服务功能区。根据城市功能配置要求、文化资源聚集状况和发展基础条件，集中力量推动重大的标志性的城市文化服务功能区规划建设，显著提升首都城市文化服务功能。加快建设以奥林匹克公园为中心的现代演艺功能区。发展以孔庙、国子监为中心的国学文化展示区。抓好以颐和园和天坛公园为代表的皇家园林文化展示区。构建以天桥为中心的北京传统特色演艺区。形成以什刹海、南锣鼓巷为中心的四合院休闲文化区。积极推进国家音乐产业园区、首都剧院区等规划建设。大力发展绘画、艺术品、时尚艺术等多种类型的文化体验功能区。

二要显著提升文化创意集聚区发展水平。发挥重大项目带动作用，促进文化资源聚集与合理配置，推进集聚区规模化、特色化发展。整合提升30个市级文化创意产业集聚区。引导和促进特色文化创意村落、街区、工厂发展。重点支持中国动漫游戏城、中国北京出版创意产业园、中华文化主题公园、国家新媒体产业基地星光影视园、中影数字电影制作基地、西山文化创意大道、CBD－定福庄传媒走廊、平谷中国乐谷等重大项目建设，提升集聚能力，增强带动作用，形成多元支撑、特色发展格局。

三要发挥文化创意产业领导小组的统筹协调作用，完善北京市文化创意产业促进中心的综合性服务平台功能，发展中介机构和行业组织。定期发布北京市文化创意产业投资指导目录，制定文化创意产业统计制度和指标体系，整合专业服务资源，发展文化经纪和知识产权代理、评估鉴定、技术交易、法律咨询、市场调查、信用担保等中介服务机构。推进演出行业协会等行业组织及版权保护、著作权集体管理组织的发展，履行好市场协调、行业自律、监督服务与维权管理。

（四）健全政策法规，保护知识产权，维护文化创意产业秩序

文化创意产业是凝结一定程度知识产权的创造性产品生产和服务体系，其产品需要通过知识产权保护来保障创意主体、创意企业的合法收益。创意产业还具有创意研发设计人投入高、而复制成本低的特点。倘若知识产权保障不足，原创人员在创作过程中所作的大量投入、投资，便难以收回甚至白费。这种高风险的特征决定，发展文化创意产业必须要加大对版权的保护力度，特别是产业链两端的版权保护。发达国家都把保护知识产权提升到了极高的位置，特别重视对文化创意产品原创性的承认和保护。而这些方面，我国也只是刚起步。目前，软件业、音像业等行业的盗版现象还十分严重，若不加以严格控制和完善相关的法规，将会严重削弱创新的积极性。

第一，政府应加快出台相关法规，对文化创意产品（如商标、专利、外观设计、版权、集成电脑的布图设计等）的知识产权进行保护。这方面要向发达国家学习。比如，美国政府是这方面的典范，先后通过了《版权法》《半导体芯片保护法》《跨世纪数字版权法》《电子盗版禁止法》《伪造访问设备和计算机欺骗滥用法》等一系列法规，形成了全球保护范围最广、规定最为详尽的法律系统。日本近几年针对文化创意产业发展的新形势，也相继制定了一系列的相关法律，如IT基本法、知识产权基本发展联盟。韩国制定并实施了网络游戏产业的政策，修改了关于音像、电子游戏的相关法规。

第二，应鼓励和规范知识产权评估机构发展，完善知识产权信用保证机制，促进自主创新知识产权在文化创意产业中的实施和运用。

第三，必须强化法律制度约束。司法是保护知识产权的最后一道防线，只有把好这一关，知识产权才会得到切实保障。应该改善目前法律处罚力度不足、执行不够的现状。

第四，必须大力普及知识产权保护知识，树立全民保护知识产权的意识，构筑保护知识产权的道德防线。

第五，推进政府知识产权管理体制创新，完善知识产权统筹协调工作机制和区县知识产权管理体系。

（五）积极培养和引进文化创意产业人才

第一，制定人才开发规划。一是制订创意产业人才发展长期规划，从发展战略的角度认识到培养创意产业人才的重要性，从宏观上调控创意产业人才的培养，使创意产业人才达到供求平衡。二是突破行业界限，划分出中国的创意人群。英国、美国的创意产业发展证明，只有突破传统的行业门类，造就“复合型”创意人才群体，才能保持创意经济的领先之势。对于当前中国来说，提升创意产业的国际竞争力，不只是单纯培养、引进创意人才问题，首先要解决的是创意人才的培育机制，即必须摒弃传统的分行业人才培育模式。以往，人们总是按照行业和部门来划分产业门类，但当创意已成为新经济的主要推动力之后，创意人才就具有了新的统领意义。尽管各个行业都应有自己的创意机能、创意人才和创意组织，但只有把创意产业从所有行业中剥离出来，形成一个独立的产业形态，才能发挥对新经济的统领作用。著名创意经济学家理查德·弗罗里达指出，创意不是简单的部门或行业分类，创意在当代经济中的异军突起表明了一个职业阶层的崛起，现代社会完全可以分化成四个主要的职业群体：农业阶层、工业阶层、服务业阶层和创意阶层。基于这样的认识，我国目前还须对创意人才的培养模式进行创新，要通过对分散在各个行业中的优势资源的整合，来推动一个“创意人群”的形成，让这个人群直接体现国家和城市不竭的创新能力。

第二，构建多元化的人才开发体系。为满足文化创意产业发展对创意人才的大量需求，应采用多渠道、多形式、多途径的立体化人才培养架构。首先，利用高等院校和科研机构培养文化创意产业人才，形成本专科生、研究生以及 MBA 等立体式文化创意产业人才培养体系。其次，实施产学研一体化的教育模式，推进企业、学校和研究机构的合作教育，加快复合型和应用性人才的培养。再次，加强国际交流与合作，积极发展文化创意产业网络教育。国际交流与合作的培养方式对于利用国外教育资源，提高人才培养质量和水平，培养国际型文化创意产业人才具有重要的意义。

第三，完善文化创意产业的相关学科。高等院校可开设综合性的文化创意产业专业，专门培养文化创意产业经营管理和营销策划的高层次人才，以适应文化创意产业各个领域的经营管理和市场营销的需要。由于文化创意产业是多行业和宽领域的行业，包括广告业、影视业、会展业、网络游戏业、动漫业等等，可考虑在文化创意产业专业下面开设有关专业方向，以深化某一子行业知识和技能的教育，既要突出其专业性和技术性，又要体现综合性和宽口径。因此，在强化原有专业教育的基础上，增设经济管理类和科学技术类（特别是信息技术、数字化技术和网络技术）课程，培养既懂文化艺术创作，又懂专业技术和经营管理知识的复合型人才。

（六）完善文化创意产业链

文化创意企业要进一步加强产业链的构建和延伸，对于薄弱环节要充分运用市场资源和自身优势加以化解。要积极利用文化创意产业促进组织和中介机构、行业组织，借助其资源整合能力和平台搭建能力解决产业链缺失的问题，通过中介结构和行业组织寻找合适的供应商和合作商等。

（七）推进北京市文化创意产业升级

以整合资源、培育知名品牌和龙头企业为着力点，更加注重培育新兴文化产业，促进产业融合，显著提升文化创意产业的整体水平和竞争能力，巩固文化创意产业的支柱地位。

巩固提升优势文化创意产业。以积极培育大型企业集团和上市公司为重点，巩固壮大文艺演出、新闻出版、广播影视、艺术品交易等优势行业。充分利用首都演出资源和市场中心地位，统筹规划场馆设施，深化国有经营性文艺事业单位转企改制，打造一批经典演艺品牌，提升文艺演出业。实施出版精品战略，加快版权交易、版权贸易等平台建设，壮大新闻出版业。大力支持北京电影学院等建设，实施影视剧精品创作工程，全面推进高清交互数字电视应用，加快电影院线建设和影院数字化，做强广播影视业。鼓励艺术品交易经营企业专业化、特色化和精品化，繁荣艺术品交易产业。

大力发展新兴文化创意产业。以加大技术开发、培育产业链条、促进产业联盟为着力点，培育壮大设计创意、动漫游戏、数字出版、新媒体等新兴文化创意产业。实施设计产业提升计划，大力发展工业设计、建筑设计、时尚设计，发展设计产业集聚区，努力打造设计之都。加快研发具有自主知识产权的网络游戏引擎、3D 动漫电影等新兴实用技术，鼓励本土动漫游戏企业开发自主原创、具有民族底蕴的优秀产品，做大动漫游戏产业。争取国家数字出版基地落户北京，推进宽带无线多媒体专网示范工程，加快发展下一代广播电视网，培育新媒体产业。在挖掘传统文化内涵基础上，促进文化与科技、旅游、体育、信息、金融、会展等产业的融合发展。

参考文献：

[1] 参见《北京市国民经济和社会发展第十二个五年规划纲要》. 2010. 12.

[2] 蔡赴朝. 北京发展文化创意产业的实践与思考.《求是》, 2011 年 1 期.

[3] 范周. [J].《北京文化创意产业解析》《建筑与文化》, 2007 年 8 期.

[4] 陈洁民，尹秀艳. [J].《北京文化创意产业发展现状分析》《北京城市学院学报》, 2009 年 4 期.

[5] 韩翔宇. [D].《北京市文化创意产业发展战略研究》, 2008 年.

[6] 郭万超.《赋予北京产业发展“人文、科技、绿色”特色——产业结构优化升级是建设“人文、科技、绿色”北京的根本抓手》[J].《人文北京、科技北京、绿色北京研究文集》. 北京出版社, 2010. 3.

[7] 肖永亮.《后奥运的首都文化创意产业与人文北京建设》[J].《人文北京、科技北京、绿色北京论集》. 同心出版社, 2009. 9.

[8]《中国创意产业发展报告 2011》. 中国经济出版社, 2011.

（《北京蓝皮书：北京经济发展发展报告 2013》，社会科学文献成本核算 2013 年）

文化发展创新与北京城市转型

城市转型是一个产业结构转向高端化、城市经济体系转向服务化、城市发展动力机制转向创新驱动、城市发展模式转向集约化、城市空间要素和城市功能不断优化的过程。[1]综观世界上不同历史时期的发达城市，基本是沿着商业城市——工业城市——商务城市的脉络发展的，城市转型发展的基本规律表现为“去工业化”和服务经济的高度发达。服务经济已取代生产经济成为城市产业结构的主导和经济发展的主要动力。在产业分类中，文化产业的许多门类都可归于服务业，文化产业的发展能够促进服务经济的发展，并将带来城市产业升级，有利于实现城市布局的重构、城市形态的优化、城市能级的提升，最终实现城市的转型。

当前，北京已经进入了城市发展转型升级的关键时期。文化发达是北京城市定位的重要方向和城市形象的重要标志，它既包括以提供公共文化产品和服务为主的完善的文化事业，也包括创造个性化、多样化文化产品和服务的发达的文化（创意）产业。[2]其中，繁荣的文化事业是提高北京居民生活质量、促进人的全面发展，进而实现城市可持续发展的重要保证；而文化产业作为北京重要的支柱性产业，具有低消耗、低污染、高科技含量、发展潜力大等特征，在“转变发展方式、调整经济结构”中具有无可比拟的优势。加快文化发展及其创新，不仅能优化资源配置，使北京市产业经济结构更加合理，体系更加完善，还能充分发掘利用好北京的自然和人文资源禀赋，有效拓展产业空间，优化城市功能，为经济社会发展注入新的动力。

一、北京城市转型的历程：从工业城市到文化城市

城市转型的本质是产业升级带动下的城市功能的提升、城市空间的优化，[3]它一方面要受到自身的资源本底条件和经济社会发展条件的制约，另一方面也要受到宏观层面的政策环境的影响。新中国成立以

来，北京的城市转型大致经历了以下三个阶段。

（一）以重工业为核心的工业城市主导阶段（1949～1979）

新中国成立后，经过三年的国民经济恢复期，北京从1953年开始执行发展国民经济的第一个五年计划。北京经济社会发展确定的基本任务是：在优先发展重工业的基础上，有计划地建立新厂和充分发挥原有企业的潜力，并逐步完成对资本主义工业和个体手工业的社会主义改造。1958年开始，北京经济建设进入全面发展时期。由于国家大量增加基本建设投资，3年内北京新建、扩建了800多个企业。经过"一五""二五"期间的持续投资建设，到"二五"时期末，北京的工业城市体系的已初现雏形。

"三五""四五"时期，经过燕化新建、扩建和首钢扩建等，北京重工业继续发展，基本形成了以化工、机械、冶金为支柱的重型工业结构，形成了较为明显的"二、三、一"产业发展格局。也使北京在新中国成立后，迅速由一个以消费为主的城市发展为以重工业为主的城市，实现了"由消费城市向生产城市的转变"。[4]

（二）从"二、三、一"到"三、二、一"的向服务城市转型过渡阶段（1980～1996）

大力发展重化工业，有助于北京迅速建立起较为完整的工业体系和国民经济体系，奠定了北京社会主义建设的经济基础，并在很大程度上改变了北京纯消费城市的地位。但同时也导致了环境污染、交通拥堵、第三产业发展滞后等一系列问题。从产业结构来看，北京市第三产业增加值占GDP的比重在20世纪80年代以前一直维持在40%以下（见图1），较同期发达国家首都的平均水平低20～30个百分点。①

为了解决上述问题，1980年4月中央书记处在"关于首都建设方针的重要指示"中明确指出，北京是全国的政治中心和文化中心，要求北京下决心基本上不发展重工业。1983年《中共中央、国务院关于对〈北京城市建设总体规划方案〉的批复》中进一步提出，北京不要

① 本文文中和图表的数据均来自于相应年度的北京市国民经济和社会发展统计公报、北京市统计年鉴等，在此做统一标注与说明。

再发展重工业，而应着重发展高精尖的、技术密集型的工业。按照中央对北京城市发展的总体定位，北京调整发展思路，即由重工业生产集中地，转变为开放式的、具有综合城市功能的现代中心城市；各项事业的建设和发展都服从、服务于首都城市功能定位的要求。

与此同时，北京也开始结合自身的城市定位和资源禀赋特点，充分发挥北京文化、科技、教育、人才、信息、金融、旅游等方面的优势，大力发展第三产业。从图1可见，北京第三产业在国民经济中所占比重从70年代末的不到25%，发展到1990年的约53%，已经提高了将近30个百分点，北京产业结构由“二、三、一”发展格局提升为“三、二、一”的发展格局。相应地，城市功能也开始了从生产城市到服务城市的转型过渡。

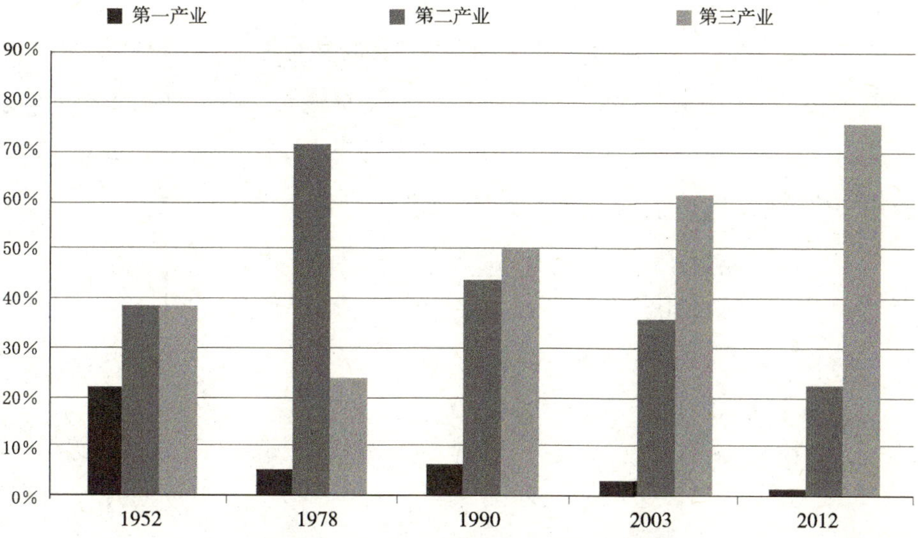

图1　1952~2012年北京三产所占比重对比

（三）“首都经济”战略推动下以服务城市为主导的发展阶段（1997年~至今）

进入20世纪90年代，北京先后出台了《北京1991~2010年城市总体规划》、“退二（退出第二产业）进三（进入第三产业）”等相关规划和政策，完成了从重工业化为主导向首都经济的转变。1997年，北京市第八次党代会首次提出“首都经济”的战略，第一次将首都服务功能与经济建设统一起来，理清了北京经济发展的战略方向和思路。

其实质就是要以服务经济为核心，走适合首都特点的经济发展之路。“首都经济”的提出，是北京经济发展战略上的一次历史性突破，为北京经济发展指明了方向。在该战略的指导下，北京经济得到又好又快的发展，产业结构不断优化升级，实现了由制造型经济向服务型经济的转型。北京的第三产业飞速发展，到20世纪末，北京的第三产业占国内生产总值的比重已经超过了64%；到2012年，这一比重已达到了76.4%（见图1）。其中，文化产业已经占到12.3%，成为北京第二大支柱产业，北京的公共文化服务体系也愈加完善。北京市委《关于发挥文化中心作用加快建设中国特色社会主义先进文化之都的意见》提出，到2020年，把首都建成在国际上具有重大影响力的著名文化中心城市；文化创意产业增加值占全市地区生产总值的比重力争达到18%。因此，文化城市成为北京未来的发展方向。

经济增长和产业结构的调整和优化离不开城市化的响应和支撑。[5]从建国以来北京产业结构的演变伴随着产业空间布局的调整和城市功能的转型，从“重工业生产集中地”到“服务型城市”的转变以及文化城市的发展走向验证了产业发展与城市建设之间的互动关系。

二、北京城市转型中文化发展创新的阶段性特征

北京文化发展创新是在城市转型的大背景下进行的，在不同的城市转型阶段，为了实现特定的转型目的，政府会有针对性的出台相应政策，文化发展也呈现不同的阶段性特征：

（一）城市转型第一阶段：文化事业不断积累

1978年之前，北京城市经济发展的重点是工业，经济体系中仅有文化事业这一存在形态。毛泽东曾指出：只有将消费的城市转变成生产的城市了，人民的政权才能巩固起来。城市中的其它工作，如文化教育方面的工作、通讯社报纸广播电台的工作，都是围绕着生产建设这一个中心工作、服务的。[6]此时，与文化有关的产品和服务被认为与意识形态密切相关，在满足广大人民群众精神文化需求的同时，更是被当做一种为政治服务的工具，由国家相关部门控制运作。另一方面，整个国民经济处于高度的计划经济时代，人民的创意潜能没有得到最大程度的释放，电子通讯等科技水平也比较落后。因此，在这一时期，

北京文化事业不断积累，文化产业仅处于萌芽状态，主要表现为包含意识形态色彩的文艺活动以及偶发的、零散的创造活动，例如：工厂里的个人发明创造，一些简单的形体外观设计等。[7]

（二）城市转型第二阶段：文化产业起步、发展

在城市转型的第二阶段，尤其是党的十一届三中全会后，随着经济体制改革的深入，文化功能日趋多样化和丰富，与文化有关的产品和服务的生产活动开始摆脱单一的文化事业范畴，文化的产业属性逐步显现出来。1988 年，在政府体制改革，许多国家机构被精简的情况下，文化产业司却在文化部机关大精简中脱颖而出，成为文化部唯一新成立的司。这一重大举措标志着文化产业已得到了国家的正式认可。同年，文化部、国家工商行政管理局发布《关于加强文化市场管理工作的通知》，正式提出“文化市场”的概念，并明确了文化市场的管理范围、任务、原则和方针，表明我国“文化市场”的地位得到了承认。

北京作为我国的政治、文化中心，在文化发展观念变革和文化产业实践方面都走在了全国的前列。自 1982 年北京新华书店制定《关于图书体制改革的实施方案》起，北京逐步形成了符合现代市场经济规律，多种经济成分共同发展的出版物发行市场体系，在非公有资本进入文化领域方面取得了重大突破。与此同时，随着改革开放的全面展开，北京居民的生活水平大幅度提高，文化需求也日益增长。1980 年北京人均 GDP 仅为 1544 元人民币，到 1990 年则上升到 4635 元人民币，1994 年北京人均 GDP 首次突破万元达到了 10240 元人民币，增速将近 28%（见图 2）；而人均年文化等的消费则从 1991 年的 115. 98 元，增长到了 1996 年的 699. 15 元（见图 3），文化消费占总消费的比重则长期维持在 10% 以上，文化消费成为市民家庭日常消费的重要组成部分。城镇居民收入水平的提高和文化消费需求的增长，有力地促进了北京文化产业的发展。在这一时期，产业化的浪潮扩展到了北京文化生产和服务领域，出现了各种形式的以营利为宗旨的文化企业和广告公司。在政策的鼓励和市场需求推动下，文化产业发展初具规模。据不完全统计，1980 年北京共有出版单位 127 家，发行报纸 41 种，总发行数 84. 5 亿份；杂志 839 种，总出版数约 5. 8 亿册；图书 9534 种，

总出版数6.28亿册。到1995年发行报纸240种，总发行数72.9亿份；杂志共计1884种，总出版数6.38亿册；图书约3.9万种，总出版数8.33亿册，与1980年相比均有了大幅度的增长。

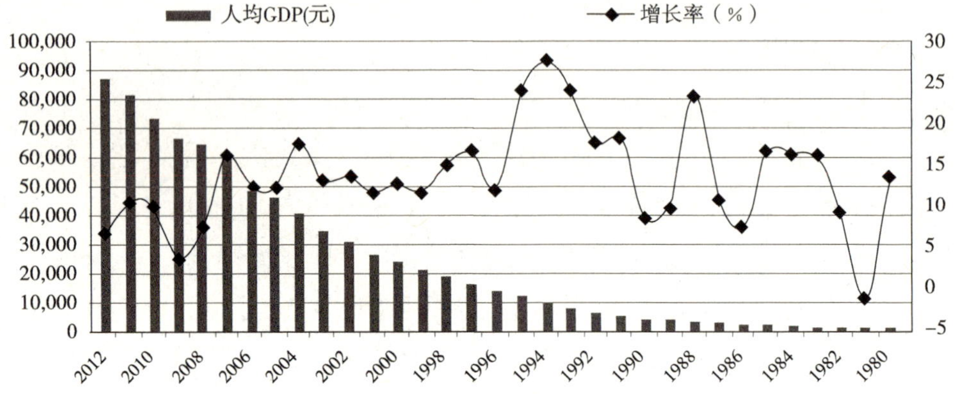

图2　1980～2012年北京人均GDP及其增长率

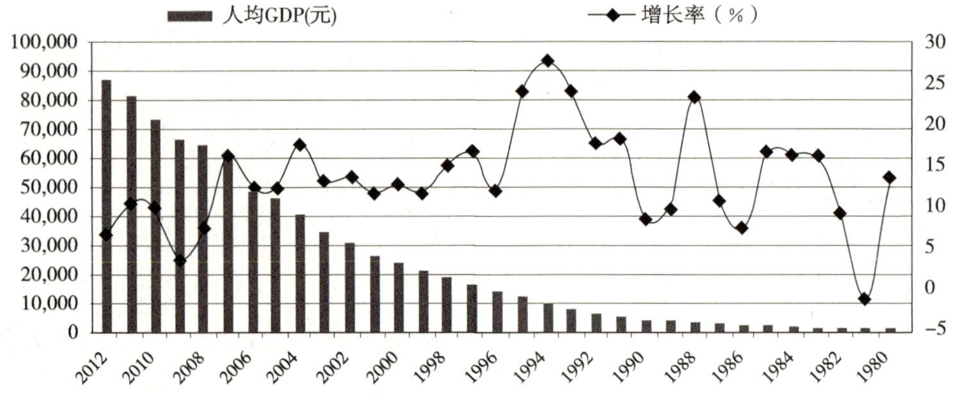

图3　1991～2011年北京人均教育、文化娱乐消费（单位：元）

（三）城市转型第三阶段：文化产业壮大、繁荣

在城市转型的第三阶段，文化产业发展的主要特征是产业体系不断完善，产业的内涵逐渐明确，外延不断延伸，发展模式也越来越多样化，政府的扶持政策也相继出台，文化产业迎来了全面、快速发展的时期。

1996年之前，虽然文化产业已经在北京经济社会发展中处于重要的地位，但不可否认，文化产业依然处于初级阶段，发展潜力极大，但产业体系尚不完善。随着对实践的不断总结，文化产业的发展脉络开始变得明晰，城市开始成为文化产业发展的主战场。1996 年，北京市提出要“重新认识文化产业的巨大潜力，迅速壮大北京的文化产业”“使其成为北京的支柱产业，使北京成为全国重要的文化产业基地”。北京第八次党代会更明确提出要“全面繁荣首都文化”，市区两级财政都加大了对文化建设的投入，有力地推动了北京文化事业和文化产业的全面发展。到 1999 年底，北京拥有图书馆、档案馆等合计 41 家；注册资金 50 万元以上的独立核算文化产业单位 3723 个，从业人员 21.7 万人，固定资产合计 235.9 亿元，创造增加值 112.8 亿元，占全市地区生产总值的 4.2%。

进入 21 世纪，2000 年国家“十五”规划中提出了“深化文化体制改革”“完善文化产业政策”的任务，并首次在政府文件中使用“文化产业”概念；2006 年中央发出了《关于深化文化体制改革的若干意见》，对文化体制改革的指导思想、原则要求及目标任务作出了明确规定；2011 年 10 月，中共十七届六中全会明确提出推动文化产业成为国民经济支柱性产业的战略任务。国家集中出台的加快文化体制改革和鼓励文化产业发展的一系列政策，使得文化的战略地位逐步确立，并迎来了大发展、大繁荣的发展阶段。在这一阶段，文化产业在北京市的产业经济中效益日益明显，成为首都经济繁荣的亮点。从 2000 年到 2012 年，北京人均 GDP 从不足 3000 美元上升到 13797 美元，文化消费日益活跃。《中国文化消费需求景气评价报告（2011）》指出，2000 年至 2009 年的 10 年中，北京的人均文化消费水平一直保持在全国前列，排名一直保持在前 2 名。[8] 截至 2012 年 11 月，全市城镇居民人均文化娱乐服务支出 2332 元，同比增长约 12%；2012 年北京文化产业实现增加值 2189.2 亿元，同比增长 10%，占地区生产总值的比重为 12.3%；从业人员达到 140 万，同比增长 14.6%，占北京市就业人口的 12% 左右，接近世界先进发展水平。

三、文化发展创新对城市转型的作用机理分析

（一）通过文化产业的融合性推动城市产业结构转型、升级

文化产业关联度高、综合性强，能与各行各业产生融合、渗透，

从而将科技、文化、制造和服务融为一体，有利于城市产业链的延伸，从而大大拓展了城市产业的发展空间，优化了城市的经济结构。具体而言，一方面，文化产业的传统业态和新兴业态总是互相渗透、互相交织、互为补充，向消费者提供大量的各具形态的文化产品，如旅游业与农业、工业相融合所产生的乡村旅游、农家乐、工业（遗产）旅游等；另一方面，由于信息技术的广泛应用及其生产方式的根本转变，传统的各个生产部门之间的界限被逐渐打破，导致了文化产业各部门之间也在渗透和融合，如传统的观光旅游业与信息产业相融合所催生的智慧旅游、传统的文化出版业与网络服务业融合产生的数字内容产业等。

此外，文化产业作为满足人们精神层面需求的产业，本身就具有节能、环保、绿色、低碳等特征，真正属于“资源节约型和环境友好型”的“两型”产业，其生态化发展对于优化和提升城市产业结构具有重要作用。

（二）通过文化产业布局优化城市空间要素，提升城市功能

产业发展是城市物质形态演变的主要原因，是城市空间布局、功能分区的基础之一。它一方面使城市用地不断出现新的类型和需求；另一方面，又促进城市功能的进一步完善，从根本上对城市空间结构和空间布局产生重大影响。文化产业作为知识与经济相结合的产物，空间发展特点鲜明。与传统产业相比，它在空间区位选择上更偏向于大都市中心区、旧城地区、高校周边、废弃工厂、郊区村落等传统意义上的“非生产空间”，使中心区的传统工业更新为具有较高吸引力和附加值的文化创意及其相关产业，并使一些具污染性且发展潜力不大的企业被改造、拆迁、关闭，留下老厂房、废弃工厂等，被改建成为城市文化空间，从而使城市功能定位和空间布局得以调整和优化。[9]

另一方面，在文化产业的发展进程中，文化产业园区的出现使城市形成各具特色的片区，城市的产业空间与整体的城市空间形成了融合、和谐的关系，使得产业对城市空间优化的贡献度明显加大；提升了城市形象和影响力，加强了城市的文化品位与可识别性，从而重塑城市空间形象，提升了城市空间价值。此外，通过这些重大文化产业项目的打造，能促进城市交通网络体系的形成；带动周边地块商业开发，聚集相关产业，优化城市土地功能布局，避免建设用地“遍地开花”，从而实现对整个城市空间布局的优化。

（三）通过文化的美化机制改善城市环境，提升城市形象

文化内含审美特性，音乐、美术、舞蹈、戏剧等艺术活动都是文化审美表达的典型形式。文化的审美特性通过文化与各个领域的融合而发挥美化提升作用，对于城市空间改造、提升城市文化形象和宜居功能以及市民的自豪感、吸引创意人士集聚和外来旅游者具有很大的促进作用。[10]

一般来讲，文化产业主要通过文化活动的开展、文化产品的开发、文化设施的建设三个方面来改善城市环境，提升城市形象。[11]通过开展节庆、会展、文娱演出、体育赛事等文化活动能显著地提高城市知名度，而城市在筹办各种文化节事的过程中，也要相应地对城市的基础设施、服务设施等进行改善和提升，从而达到了美化城市环境的作用；文化设施本身具有较强的文化性和艺术性，常被视作一个城市文明程度的象征，作为城市人文环境的重要组成部分，其通过标志性的建筑、特色街道、城市空间格局等方面对城市视觉景观形象产生重要作用；文化产品则是城市形象传播的媒介。

（四）通过文化的创新溢出效应完善城市创新机制，提升城市创新能力

城市文化资源是城市精神内涵和文化特质的重要载体，它为城市创新提供了肥沃的土壤。文化产业本身具有较强的创新性，其创新成果主要表现为新创意、新理解、新组合、新表达、新呈现、新规则和新商业模式等。[12]因此，通过发展文化产业可直接服务于城市创新能力的提升；而城市文化资源经过文化产业的整合与运作，对城市创新能力产生促进作用。此外，文化企业往往是知识中心和技术中心，知识是公共产品，具有“外溢效应”，各企业的竞争压力大，迫使他们加快产品的开发、提高经营管理水平，文化产业的发展所产生的创新溢出效应有利于技术创新，从而推动科技创新与技术进步；同时，企业的创新容易外溢到其他企业和产业中，有利于提高整个城市产业体系的科技水平和质量。

与科技创新相比，文化产业的创意和创新往往在顾客消费和体验的过程中得以传达和领会，更容易被广大城市居民所接受，如此不仅有利于在城市中营造出和激发出广泛参与的创新氛围，形成创新制度，还能够与不同城市的特色历史文化相结合，对城市创新的类型和水平产生直接影响。[13]

四、西方国家文化发展助力城市转型的成功经验

世界上许多工业城市、资源枯竭型城市、后工业化城市等都将发展文化产业作为调整和优化城市产业结构，促进城市转型的一个突破口。这些典型案例对北京的城市转型中的文化发展创新具有一定启示和借鉴作用。

（一）伦敦：发展创意产业以实现城市转型

伦敦的文化产业发展始于1997年。这一年，英国将发展文化创意产业列为国家重要的发展战略：包括成立文化媒体体育部对广告、建筑、设计、电影、游戏互动软件等13种产业加以引导；为文化创意产业和创意工作者提供创业基金和交流平台等。当时，伦敦作为一个老的工业化城市，其制造业已经失去竞争力，经济结构趋于老化，经济发展缺乏动力，经济总量及其在国际经济中的地位日趋下降。在这种形势下，伦敦积极发展创意产业，并成功借助于创意产业实现了产业结构优化和城市转型。到2010年，文化创意产业已成长为英国仅次于金融服务的第二大产业，占GDP比重已超过8%，增长速度已超过7%，是整个国民经济增速的两倍；与创意产业相关的企业超过18.2万家，占企业总数的8.7%；吸纳就业人数200万以上，占就业总人口总数7.8%。而伦敦文化创意产业的年产值已超过了250亿英镑，文化创意产业从业人员占其就业总人数的14%，文化创意产业已成为了伦敦最大的产业部门之一。

从伦敦的实践来看，政府推动是文化产业发展的重要力量。政府

成立的文化创意产业专门小组，负责跟踪国际文化创意产业发展的最新趋势，规划文化创意产业的发展方向，制定吸引文化创意产业投资的税收优惠条款，实施帮助创意产品和创意企业走向世界的国家整体营销和品牌战略。[14]政策、资金方面的扶持为创意产业发展提供了保障；另外，伦敦还非常重视高层次文化创意人才的引进和培养问题。

（二）鲁尔：发展工业遗产旅游业以实现城市转型

目前，欧洲、北美、日本等国家将工业遗产旅游作为资源型城市转型的重要战略举措，其中，比较具有代表性的是德国的老工业区鲁尔。鲁尔区是传统工业衰退和空间转型的典型区域，通过将工业遗产保护与旅游开发相结合，成功地将一个工业生产区转变为了商业文化消费区，其实践对资源型城市转型具有重大的启示意义。

政府主导是鲁尔区借助工业遗产旅游实现城市转型的基础。各级政府对老工业基地改造和经济结构转型都给予了高度重视，设立了专门的机构负责制定经济结构调整政策、规划、项目审批和财政资助等事宜。1998 年，为提高游客便利度，鲁尔区规划机构还专门制定了一条连接全工业旅游景点的区域性旅游线路。在政府的主导和推动下，一系列完整的、具有延续性的规划得以全面实施。自 20 世纪 60 年代开始，北威州政府就陆续出台了对改善地区经济产生深远影响的“鲁尔发展规划”“北莱茵——威斯特法伦规划”和“鲁尔行动计划”等。在这些规划中，全面考虑了改善一个地区经济结构的措施，如改善交通网络；大力发展教育事业；改善地区文化和娱乐设施；加强环境保护和改善城市环境；促进科学研究与开发，以及科技成果转化等。值得注意的是鲁尔区的旧城改造与转型发展不是企业的盈利方式，而是以惠及整个城市为宗旨，如此不仅使得原有的工业遗产得到了很好的保护，因产业置换带来的失业问题也得到了妥善解决，环境也变得更为宜居。[15]

经历 10 余年的改造振兴，2010 年鲁尔区被评为欧洲的“文化之都”。根据相关研究机构的调查结果显示，鲁尔区的生活条件和水平在世界 100 个最大的工业区中名列第二位，在欧洲名列第一位。

五、文化发展创新推动北京城市转型的政策建议

“十二五”时期是全面建设小康社会的关键时期，也是北京实现建设世界城市目标的重要战略机遇期。要利用好文化发展对“调结构、转方式、促转型”的积极作用，加快北京城市向文化城市的方向转型。

（一）重构历史文化魅力走廊，整体保护历史文化名城

一座城市的个性不仅来自于眼前创造，同时也来自于这座城市历史的积淀。只有充分利用城市的历史文化资源，才能够塑造和展示城市的个性。目前，北京城市建设已进入了最好的时期，城市文化遗产的保护、城市文脉的传承得到前所未有的重视，这同时也为恢复和塑造城市个性提供了极好的机遇。北京南北中轴线和朝阜大街以其独特历史地位和丰富的文化遗存，构成了古都风貌的基本骨架。要围绕这“一轴一线”，在恢复经典风貌同时，融入现代文化，重构集中展现古都历史文化、富有鲜活时代气息的城市魅力走廊。同时，要加强对历史文化名城的整体性保护，努力保护、继承和发扬城市优秀文化传统，学习、研究和传承前人留下的珍贵文化遗产，重视从优秀传统文化中汲取城市创新发展的营养，把具有代表性、经典性的城市记忆活化为当今生活的有机组成部分，从而有效避免城市发展陷入模仿雷同、“千城一面”的困境，形成具有自身特色的首都城市发展格局。[16]

此外，在加强城市历史文化遗产保护，避免城市文化脉络被切断的同时，还要致力于创造能够世代相传的新的城市遗产。通过历史与未来、传统与现代、经典与流行等的交汇融合，为城市增添历史与现代交融的文化景观，将文化底蕴的厚重感和时代的生机感结合在一起，使城市更具有魅力。

（二）提升公共文化服务，推进文化产品创新

公共文化服务是满足人民基本文化需求、实现人民基本文化权益的主要途径。在北京城市转型中，要大力发展公益性文化事业，在全国率先建成完备发达的公共文化服务体系：首先，要树立文化民生理念，以人民基本文化权益为着眼点进行公共文化服务建设；其次，为大众提供多层次的文化产品和服务。要继续加大公共文化投入，提高

服务效能；调动全社会参与公共文化建设，形成政府主导、社会参与、多元投入、协力发展的格局，依照公益、基本、均等、便利的原则，为大众提供多层次的文化产品和服务；第三，免费开放图书馆、博物馆、科技馆、文化广场、全民健身园地等；第四，完善公众文化基础设施。建成一批既有民族风格、北京特色，又具有时代特征、为大众所认可的文化地标。

此外，北京城市转型还要将继承传统和文化创新紧密结合起来，走创新驱动、高端引领的科学发展之路。通过实施科技创新、文化创新的“双轮驱动”战略，在体制机制创新方面发挥示范带动作用，使北京成为驱动全国文化创新的中枢高地；用科技创新推动文化创新，把科技创新优势转化为文化发展的强大动力和现实影响力，积极利用高新技术，改造传统文化产业，大力发展文化创意产业，催生新的业态；通过引导北京高端产业功能区与文化创意产业的融合发展，建成几个大型文化创意产业功能区，使之成为产业链完整、实力强大的国家文化创新示范基地；通过大力实施品牌战略，打造出一批具有“中国气派”“北京特色”和强烈时代感的文化精品。[17]

（三）提升文化创意产业竞争力，巩固文化创意产业支柱地位

大力发展文化创意产业是加快转变经济发展方式、推动首都科学发展的重要举措。要通过完善政策，搭建平台，整合资源，继续巩固文化创意产业支柱产业地位：第一，要通过转企改制，形成以公有制为主体，多种所有制共同发展的文化产业格局，并在转企改制的基础上，打造出在全国具有引领和示范意义的“文化航母”；第二，创新文化行政管理体制，把政府职能从管微观转向管宏观，从管直属单位转向管全社会，从直接管理转向法律、经济、行政多种方式相结合，做好政策调节、市场监管、社会管理和公共服务；第三，通过创新人才培养方式，开拓人才培养领域，造就一大批文化人才。

（四）扩大文化产品和服务输出，显著提高首都文化的国际影响力

第一，通过举办海外图书、绘画、艺术品展览或积极参与国际性的文化产品展览，提高北京文化产品在国际上的认可度，进一步巩固和强化北京的文化中心地位，提升北京文化的国际影响力和竞争力；[18]第二，加强国际市场合作，把丰富多样的优秀世界元素“请进来”为我所用，以人之长，补己之短，使首都文化产品更好地“走出去”；第三，建立拓展国际市场渠道，努力探索网络等新型产品销售渠道，全方位拓展国际营销渠道，促进文化产品的出口。

参考文献：

[1] 吴海瑾，李程骅．现代服务业：城市转型的新动力系统［J］．现代城市研究，2010，(11)：23－28.

[2] 孔建华．十年来北京文化经济政策的演变［J］．新视野，2008，(4)：46－49.

[3] 李程骅．服务业推动城市转型的“中国路径”［J］．经济学动态，2012，(4)：73－79.

[4] 梅松．60年首都经济发展思路演变和成就评价［J］．北京社会科学，2009，(5)：88－94.

[5] 梁昊光．60年来北京城市发展的时空格局研究［J］．首都经济贸易大学学报，2010，(1)：90－97.

[6] 周锦涛．建国初毛泽东城乡统筹发展思想［J］．毛泽东思想研究，2007，(4)：16－19.

[7] 刘东东．城市转型背景下广州文化创意产业竞争力分析［D］．暨南大学，2012.

[8] 王亚南．中国文化消费需求景气评价报告（2011）［M］．北京：社会科学文献出版社，2011：56.

[9] 黄斌．北京文化创意产业空间演化研究［D］．北京大学，2012：2.

[10] 刘平．文化创意驱动城市转型发展的模式及作用机制［J］．社会科学，2012，(7)：40－48.

[11] 王伟年，刘志勇．文化产业对城市形象构建的影响探析［J］．江西社会科学，2006，(7)：187－190.

[12] Paul Stoneman. Soft innovation：Towards a More Complete Picture of Innovative Change［R］. Research Report of NESTA，2009：7－8.

[13] 杨秀云，郭永．文化创意产业提升城市创新能力的演化机理及其政策启示［J］．西安交通大学学报（社会科学版），2013，33（3）：5－12.

[14] 厉无畏．文化创意产业推进城市实现创新驱动和转型发展［J］．上海城市规划，2012，(4)：1－5.

[15] 佟贺丰．英国文化创意产业发展概况及其启示［J］．科技与管理，2005，(1)：30－33.

[16] 巫志南．城市文化引领城市发展转型［J］．思想政治工作研究，2009，(7)：33－34.

[17] 张小乐．国家文化中心的内涵与特征初探［J］．人民论坛，2012，(3)：116－117.

[18] 郭万超. 加强北京市文化创意产业支柱地位对策研究 [C]. 创新驱动与首都“十二五”发展——2011 首都论坛文集，2011：93 - 102.

（《外国问题研究论丛（第二辑）》，2013 年 12 月，北京市社会科学院赵雅萍对此文有贡献）

京津冀文化产业协同发展的路径选择

自京津冀协同发展上升为国家战略之后，围绕三地疏解城市功能、疏通区域交通、优化产业布局及生态环境建设等区域性可持续协同发展议题备受关注。文化产业作为京津冀地区共同大力扶持和发展的新兴战略产业，由于其高附加值、高融合性和资源低消耗的产业属性，故在转变经济发展方式，推动和促进区域产业升级转型、产业延伸转移及项目合作对接等方面能够发挥举足轻重的作用。

京津冀地缘相接、文化一脉，历史渊源深厚，是中国文化资源丰富、文化底蕴深厚、文化特色鲜明、文化发展最具活力的重要地区之一。文化产业发展具有广泛的合作空间和前景。十八大以来，京津冀文化领域协同发展议题在理论研究研讨、政府部门实践及社会推广中均有所推进。2014 年 8 月，《京津冀三地文化领域协同发展战略框架协议》在天津正式签署，并积极推动建立联席会议制度，成立合作协调工作小组。2015 年 7 月，北京市委十一届七次全会通过了贯彻《京津冀协同发展规划纲要》，在京津冀一体化战略背景下区域文化产业协同发展的步伐明显加速。

然而，京津冀三地由于经济基础、产业结构及城市功能角色定位等因素所致，三地文化产业发展水平差异明显，子业态各有特色，区域性产业关联度和互补性偏低。据北京市统计数据，2014 年，京津冀三地 GDP 总量达到 66474. 5 亿元，占全国的 10. 4% ，但河北人均 GDP 不足京津的 1/2。产业结构方面，北京第三产业比重达到 77. 9% ，呈明显高端化趋势，天津、河北第二产业比重为 49. 3% 和 37. 2% 。依托丰富的文化智力、金融及信息技术优势，北京市文化产业在传媒影视、动漫、新媒体等行业形成了一批具有全国影响力的骨干文化企业，领跑于津冀。天津和河北文化产业年均增加值较高，但是在人才智力、科技支持、内容创意方面短板效应较突出。目前，京津冀三地文化产业协同化效应较低的主要原因包括，区域内文化资源未能充分整合、统筹；“条块分割”式行政管理模式弊端突出，缺乏高效的协调工作机制；文化产业发展所需的创意、人才、技术、资本等要素“倒流”，未形成统一的区域文化要素市场。

京津冀文化产业协同发展路径探索的前提是必须明确指导理念和协同原则。首先，三地文化产业发展需要打破传统发展思维，要站在统领三地文化产业发展的战略视角，把三地文化产业放在全盘大局里进行统筹。其次，应该坚持优势互补、共建共享、统一开放的协同原则，即明确三地比较优势，重视协调机制，重视产业链分工协作；加强三地文化产业项目的沟通与对接，共建共享共赢；坚持开放的理念，开放的市场机制，开放的市场要素流动。

那么，京津冀文化产业协同发展的路径应当如何选择呢？笔者认为，京津冀文化产业协同发展应当建立在三地政府战略共识的基础上，紧紧围绕三地协同发展总体规划，以文化产业项目和园区共建、对接及转移为主要方式，重点在产业政策互补、财税政策协同、要素市场共建方面寻找突破口，有序发展，先行先试，稳步推进。

一是加强京津冀文化产业协同发展顶层设计，加快推进编制三地文化产业协同发展战略规划和具体实施方案。建立促进京津冀文化产业协调发展联席会议制度或协调领导机构，构建利益协调长效机制。战略规划应包含京津冀三地文化产业发展基本指导思路、业态分布、协同机制及保障措施等内容。战略规划应以统筹和梳理三地文化资源为基础，从现有产业发展现状和问题入手，本着共享、互补及开放的原则，对于区域文化产业的特色定位、空间布局、业态优化进行科学、客观的整体规划。

二是加强区域文化企业、项目及产业园区的合作交流，推动区域公共文化服务一体化建设，推动区域文化产业转移和对接，创新协同发展模式。针对文化产业链中创意策划、文本内容加工复制及营销推广等环节的市场特性，在合理分工、优势互补及互赢互惠的原则下，通过项目合作对接、园区共建等形式，进一步提升区域文化产业链的关联度和互补性。策划和实施区域重大文化产业项目，引导区域关联文化企业贯通产业链。例如，北京可以将传媒影视、动漫及演艺行业的部分产业链分工分散至河北，京津冀三地的文化产业园区之间可以深化开展品牌共赢、资源共享及项目共建。在具体协同发展模式中，可以积极探索“总部—生产基地模式”“创意策划—成果转化模式”“主副（新旧）园区模式”等。

三是加强建设区域文化产业发展的要素市场，特别是破除阻碍产业协同发展的各类现有规范，培育区域协同发展的内生动力。从政策统筹、财税机制、人才智力、资本渠道及高新技术等方面推动区域文化企业协同创新发展。例如，可以施行京津冀共享相同税收优惠政策的统筹政策，进一步探索京津冀税源分享机制，以创造其内部经济发展公平竞争的税收环境。在资本融资方面，可以集合三地文化专项资金，统筹发挥，亦可以成立三地共同投资的产业投资基金，支持三地共建互惠项目、共享园区等。

总之，京津冀协同发展战略的关键在于突破旧有机制障碍，实现三地资源优化配置、产业协同发展。文化产业协同作为总体战略中的重要组成部分，其协同发展必须建立在共识原则和指导思路的基础上，从绿色、低耗能及高智力等产业特色属性入手，依托顶层设计的战略规划，创新协同路径，创新现有政策、财税及资本渠道，打破传统旧有行政规范阻力，让区域内广泛的文化企业、项目和园区流动起来，贯通产业链，使得文化产业协同发展在转变经济发展方式，推动和促进区域产业升级转型中发挥最大优势。

（《中国文化报》2015 年 7 月 25 日，北京舞蹈学院副教授马明对此文有贡献）

北京市文化与科技融合的理论与路径探讨

文化与科技的融合，是近代以来世界文明演进的一个重要方式。如今，文化与科技双向互动、协同创新的关系更加紧密。随着科技和文化在人才、产业和市场等领域的不断融合，文化产业和科技产业的边界变得更加模糊，形成了“你中有我、我中有你”的局面。一些技术融合的产业化，比如“三网合一”，生发出的新业态不仅有文化产业特点，还具有科技产业属性。所以，文化与科技的快速融合，要求打破原有的产业分类的思维定势，从更高的智慧经济的形态理解产业发展趋势，通过政策集成来推进文化科技融合发展。去年发布的《中共北京市委关于发挥文化中心作用 加快建设中国特色社会主义先进文化之都的意见》（以下简称《意见》），专门阐述了“实施文化科技融合工程，让科技助力文化的大发展”，如何适应全球文化与科技融合的新趋势，进行路径创新是推进北京市文化大发展大繁荣必须认真研究的重大课题。

一、首都文化与科技融合发展的重要意义

（一）适应全球产业发展新趋势，打造发展转型新引擎的迫切要求。当前，文化与科技融合在全球发展十分迅猛。文化与科技融合的新业态日益成为引领未来发展的核心支柱产业。美国、英国、韩国（韩国专门制定了《产业融合促进法》）等发达国家大力发展高科技文化产业，已取得了明显的领先优势。在严峻的形势面前，我国必须抓住新一轮产业升级机遇，才能抢得先机，占据未来国际竞争的制高点。文化科技融合对我国经济转型、文化大发展大繁荣具有重大作用。文化渗透科技制造，将为我国由“制造大国”迈向“制造强国”提供强有力的支撑。科技创新对提升文化创新力、影响力、表现力、传播力，催生新兴文化业态，发挥着重要的引领作用；文化与科技融合发展，可以提升文化创意产业的发展水平，提升公共文化服务能力，满足人民群众多样化、多层次、多方面的精神文化需求。因此，文化科技融

是推动文化发展的新引擎。

（二）落实北京市文化创新与科技创新“双轮驱动”战略的迫切要求。北京是全国的文化中心和科技中心，具有文化和科技双重优势。文化创新与科技创新“双轮驱动”战略的提出是探索首都科学发展机制和模式的重大飞跃，而推动文化与科技融合发展是落实这一战略的重要内容，也是建设“全国文化改革示范区”的重要组成部分，对首都建设全国文化中心具有不可替代的关键作用。

（三）深化中关村国家自主创新示范区体制机制创新的迫切需要。《意见》提出：“借鉴中关村国家自主创新示范区发展模式，为文化与科技融合提供政策支撑。”中关村国家自主创新示范区作为国家自主创新示范高地，担负着先行先试的重要使命，自身需要不断对接国际最新趋势，不断深化发展体制机制，文化科技融合趋势就提出了路径创新的迫切要求。

二、文化与科技融合的主要理论与现实表现

（一）文化与科技融合的主要观点

科技和文化作为人类智慧的结晶，从起源到现代，一直都表现为一种相互适应、相互依赖、相互促进的关系。文化与科技的关系及融合也一直是国内外学术界研究的一个重点问题。

从国际上来看，美国技术史学会出版了名为《科技与文化》的刊物，用来提倡这方面的研究。日本学者还提出了“科技文化”的概念，并取得了许多重要成果。国外的主要观点大致有以下两个方面：一是认为科技本身就是一种文化。美国学者约瑟夫·阿加西在《科学与文化》一书中明确提出“科学是文化的一个内在组成部分。”日本学者把科技看作一种文化技术，主张文化包括科技；马林若夫斯基把科技看成一种文化因素；怀特认为科技是文化系统中的一部分，是文化发展的动力；德国学者伍德利亚·伍德则认为，科技在本质上是一种精神活动。法国技术哲学家路易·多洛认为，应该把科技归于文化之列。二是强调科技与文化的互动机制。如塔尔科特·帕森所认为，“科技只有在特定的文化环境中，才会兴旺发达，反之则反。同时文化

的发展也受到科技的制约，它们只有相互支持，才能更好发展。”

国内不少学者也考察了科学与文化之间的关联。东南大学吕乃基在《文化对科学的制约与引导》等一系列文章中，从历史的视角探讨了文化与技术的互动机制，从一个侧面解答了李约瑟难题；杨怀中的《科技文化与当代中国和谐社会建构》等著作和文章则从科技与文化的内在关系入手，提出“科学技术进步是当代中国先进文化建设的第一推动力”；张明国著的《解析技术“技术－社会－文化”的互动》论述了“科技进步与文化发展的互动关系，并运用系统科学的思想方法，阐述了科技与文化之间的非线性相互作用机制。”马来平著的《科技与社会引论》论述了“科技和文化的其他部分乃至文化整体都存在和发生着多种多样的相互作用、相互影响的关系。”孟建伟在《技术的人文维度》中指出“科技与文化的融合，不仅有助于推动科技进步和经济的蓬勃发展，还有助于把握科技发展及其应用的正确方向。”刘大椿在《科技与文化整合的两个问题》中提出影响中国科技与文化整合的最重要因素是传统文化。

除了理论层面的探讨，国内学者也在实践和案例方面对科技与文化的互动机制做了不少研究，例如《科技发展与文化进步互动机制的案例研究》《技术进步视阈下我国文化产业发展研究》《分立与汇合——对科技与文化互动基本形式的理性审视》等博士和硕士论文，以及《推进文化科技创新 加强文化与科技融合》《高新技术与文化软实力的双向拉动分析》《科技创新与科技园区文化创意产业发展研究》《科技支撑文化创意产业发展》《文化科技融合推动首都文化创意产业发展》等一系列研究性文章等共计百余篇。以上研究成果代表了新形势下对科技与文化融合机制的新探索。

（二）文化与科技融合的表现形式

1. 科技创新发展引领、支撑文化创新发展。近代以来，科技创新给社会生产方式、人们的思维方式和生活方式、全球竞争格局带来了重大变革和深刻影响，并从文化的内容、形态、传播等方面，不断推动文化的发展，成为文化发展的重要引擎。主要表现为三点：第一，高新技术融入文化领域，创造新的文化生产方式。正是留声机、摄影、电子、光纤通信、无线电通讯等技术和产品的发明，使音响、电影、广播电视等文化行业得以生成。第二，催生文化产业的新业态，以动漫、网络游戏、手机游戏、手机媒体等为代表的新兴文化业态，已逐渐成为继 IT 产业后最具潜力的产业之一。第三，科技发展特别是数字技术的不断升级，带动传统文化产业更新换代，促使传统文化产业向高端创意产业转型，向高技术、高集约化演进。高新技术在文化产业的广泛应用，大大增强了传统文化产业的发展活力。数字影像、声光多媒体、LED 显示、数字三维虚拟展示等，明显提升了传统演艺、会展和大型文化传播活动的表现力和感染力。20 世纪以来，科技扩散和利用一直以加速度发展，科技增长周期由 50 年以上缩短到 5 年以下。在这种情况下，文化产业也相应加快了演化周期。

2. 文化创新发展影响、助推科技创新发展。文化可以从思想观念、制度、方法等多方面来影响科技的发展。有研究认为，文化创新力每提高 1%，科技创新绩效就会提高 0.987%。苹果公司在近 8 年的时间，市值翻了 50 多倍，一个重要秘诀就是它奉行“别样思考”（Think Different）的企业文化。公司前董事长乔布斯曾说，在苹果公司，创新想法可能来自于员工在走廊上不期而遇的随意交谈，可能来自于员工夜里 10 点半互相打电话讨论出的好创意，可能来自于某个人因为产生了前所未有的好主意而临时召集的 6 人会议。从产业形态看，文化产业发展的产生的巨大需求，不断为科技创新提出新的命题，推动科技进步，加快科技成果转化。在一定意义上说，文化发展的速度、方向将影响科技的发展和传播速度，影响科技创新的进程和结果。

三、努力创新首都文化与科技融合的路径

推动文化与科技融合，就要遵循文化发展规律，以实施首都文化科技融合工程为抓手，将北京的科技优势与文化优势紧密结合，不断创新文化与科技融合的路径，使文化与科技融合成为新世纪新阶段推动首都发展的重要驱动力。

（一）不断强化文化产业发展的科技带动功能。加快科技创新成果转化，积极利用高新技术改造传统文化产业，提高文化企业装备水平和科技含量，大力发展新兴文化产业。培育新兴文化业态，为文化内容创新和运用提供新动力、新载体、新空间。聚焦文艺演出、广播影视、新闻出版、文化旅游、网络动漫、设计服务等主要文化业态，整体布局产业链，加大研发投入，有针对性地突破文化产品创意、生产、运营、展示等各环节的关键技术和集成应用技术，提高文化制作与展示行业软件系统的国产化率。发展一批文化与科技融合的骨干企业和项目。创新服务模式，并在文化服务领域开展应用示范。

（二）大力提升公共文化事业科技服务能力。针对文物、民俗、宗教等各类典型物质与非物质文化遗产保护需求，突破文化资源保护关键技术，促进高新技术与陶瓷、漆器、织造、雕刻等中国传统工艺结合，加强对中华传统文化资源数字化保护和开发利用。促进文化馆、科技馆、图书馆、博物馆等网络化文化公共服务平台建设，推动全社会公共文化资源共享。加强“数字北京”建设，在全国率先建成无线城市，方便城乡居民文化生活。

（三）以示范区为依托、以项目为载体，推近文化与科技融合。依托中关村国家自主创新示范区，促进文化与科技创新资源与要素互动衔接、协同创新，在海淀区建设文化和科技融合发展示范区，推进“文化中关村”建设，实现政策创新、管理创新、服务创新；通过大力发展数字内容产业，启动和实施一批文化科技融合的重大项目，力争用5到10年左右的时间，将海淀区建设成为领航全国、影响全球的文化和科技融合发展示范区。重点支持一批战略性文化项目和工程。支持建设产学研战略联盟、市级文化科技创新工程实验室，提升文化科技创新能力和水平。构建以企业为主体、市场为导向、政产学研用相结合的文化技术创新体系和覆盖广泛、技术先进的文化传播体系。

（四）推进文化与科技融合体制机制与政策创新。文化与科技产业融合将对现有的体制机制带来新的挑战，这就要求及时地调整现行的方针政策，以适应新的发展趋势。一是要破除文化与科技融合的重大障碍，在不同部门间、不同产业链环节间、不同机构和个人间等建立起顺畅的沟通与融合机制。积极推进首都文化资源创新中心平台建设，集成政策资源，建立“一站式”行政审批综合服务集中办公大厅，创建公开透明、公正廉洁、公平有序、依法高效的行政服务环境，为企业提供优质服务。二是要坚持先行先试，积极鼓励和大力扶持科技与文化融合发展相关的基础科研和应用研究投入，加强政策创新、管理创新和服务创新的先行试用，特别要使海淀区成为全国科技与文化融合发展的试验之地。三是大力发展文化科技中介服务。鼓励在京高等院校、科研院所、企业和各类社团从事文化科技成果展示推广与文化科技中介服务，培育面向社会从事文化科技咨询、知识产权评估、技术转移转化的中介服务，有效降低文化科技创新风险。鼓励发展文化领域的知识产权代理、推介、交易和法律保护等服务产业，构建覆盖全市的文化知识产权服务网络。四是进一步放宽市场准入。进一步降低融合发展门槛，鼓励中央企业、民营资本和外资投资文化与科技融合类项目。社会投资的融合项目，在规划建设、土地使用、信贷、税收、综合配套保障等方面享有与国有经济投资同等的待遇。

（五）培养引进文化科技创新人才。一是建立文化创意产业人才特区，支持文化与科技融合类企业多方式、多渠道培养优秀文化科技人才，鼓励企业聘用国内外高层次科技人才。形成一支掌握现代科技知识、善于运用科技手段推动文化发展的文化科技人才队伍，造就一批在国内外有影响的文化科技创新拔尖人才和领军人物。二是制定本市“高层次文化科技创新创业人才引进计划”，优先推荐文化科技创新型人才申报“千人计划”，“新世纪百千万人才工程”、“北京海外人才聚集工程”、宣传文化系统“四个一批”人才等项目。三是表彰奖励有突出贡献的文化科技创新人才，对经营者、管理人员、业务技术骨干可实行年薪制和试行期权等激励制度，允许和鼓励拥有特殊才能和自主知识产权的人才以知识产权入股，并参与收益分配。

参考文献：

[1] 《中共中央关于深化文化体制改革 推动社会主义文化大发展大繁荣若干重大问题的决定》。
[2] 《中共北京市委关于发挥文化中心作用 加快建设中国特色社会主义先进文化之都的意见》。
[3] 杨怀中. 科技文化与当代中国和谐社会建构 [M]. 北京：中国社会科学出版社，2008.
[4] 吴金希，张小方. 文化 VS 技术创新——德美日创新经济的文化比较与策略建议 [M]. 北京：知识产权出版社，2006.
[5] 刘大椿. 科学技术哲学导论 [M]. 北京：中国人民大学出版社，2000.
[6] 贝尔纳 J. D. 科学的社会功能 [M]. 上海：商务印书馆，1986.
[7] 柴绪亮. 分立与汇合——对科技与文化互动基本形式的理性审视 [D]. 浙江师范大学，2004.
[8] 孙潇柳. 科技发展与文化进步互动机制的案例研究 [D]. 哈尔滨理工大学，2010.
[9] 程宏燕，杨怀中. 科技文化三元素科学理性、人文特质与创新因子论析 [J]. 武汉理工大学学报（社会科学版），2011（03）.
[10] 吕乃基. 21 世纪科学技术对文化的影响 [J]. 东北大学学报（社会科学版），2001（01）.
[11] 朱峰. 科技创新与文化创新双轮驱动的路径 [J]. 《前线》2011（11）.

（《蓝皮书·北京文化创意产业发展报告 2014》，社会科学文献出版社 2014 年 12 月）

北京市传媒业发展现状、问题及对策

随着全球化进程的加快，传媒业作为文化产业的重要组成部分，在增强国家软实力方面的作用日益凸显。对于首都北京而言，传媒业的发展有助于增强其文化话语权，从而有助于推动实现建设中国特色世界城市的目标。本文在对北京市传媒业发展现状、存在问题进行系统分析的基础上，有针对性地提出进一步发展的对策建议。

一、北京市传媒业发展现状分析

（一）传媒产业快速发展，规模和产值都位列全国前列

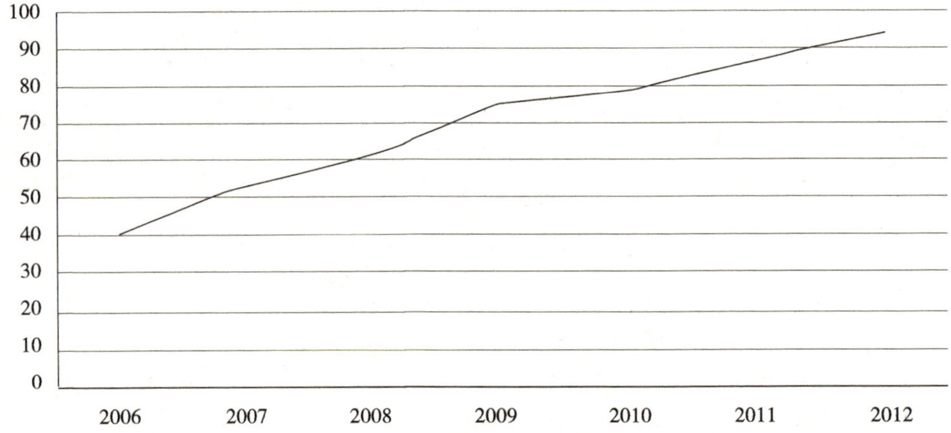

图1　2006～2012年北京市文化体育与传媒支出（单位：亿元）

1996年，北京市颁布了《关于加快北京文化发展的若干意见》，该意见指出，北京市的文化产业要着重开拓和发展出版、影视、音像与演出等行业，同时大力推动现代信息业、电子出版业等具有前瞻性的现代文化产业。在这一改革意见的指导下，北京市增强了对传媒业的财政支持力度，2006年北京市财政支出中文化体育与传媒支出为40.51亿元，至2012年这一数字已达到了93.6亿元（见图1）。[①]

在相关政策引导和财政支持下，北京市传媒业有了长足的发展，

① 资料来源：北京市统计年鉴（2012）、北京市财政局网站。

在产业发展速度、规模等方面都位列全国前列。2011 年北京市广告经营额已突破 800 亿，占全国广告经营总额的 20%，并连续五年位居中国内地第一，全市共有广告经营单位 1.8 万余户，从业人员约 12 万人，规模以上广告行业营业额约为 750 亿元。广告营业额由 1991 年的 5.51 亿元，增长到 2011 年的 809 亿元，增长了 146.8 倍，1992 年 ~ 2011 年年均增速达到 28%。北京广告行业增长大致可分为三个阶段，1996 年以前，广告行业处于高速增长阶段，年均增速超过 60%；1997 年 ~2004 年为快速增长阶段，年均增速达到 19.2%，仍明显高于 GDP 增速；2004 年以后的增速则明显下降，但近年来由于文化产业大发展等刺激因素，相对于全国而言仍保持了较高的增速（1992 年 ~2012 年全国广告经营额年均增速已超过 25%）。据统计，2012 年我国广告营业额突破 4000 亿元，其中，有两成广告额源自北京，北京市已经成为了我国最大的广告媒体中心和广告市场。[①] 以传统媒体中的保持最大市场份额的广播影视市场为例，截止到 2012 年 11 月底，北京市广播影视累计创造总收入为 173.05 亿元，其中，广告收入为 71.97 亿元，占总收入比重的 41.59%，同比增长 10.00%（见表 1、图 2）。[②]

表 1　2011 ~2012 年北京市广播影视累计收入情况

项目	1 ~11 月累计创造收入（亿元）			占创造收入比重（%）	
	2012 年	2011 年	增速（%）	2012 年	2011 年
实际创造收入	173.05	135.45	27.71	100	100
广告收入	71.97	63.13	10.00	41.59	46.59
有线广播电视收视费收入	8.97	8.74	2.63	5.18	6.45
付费数字电视收入	0.56	0.39	43.59	0.32	0.29
电影票房收入	13.33	11.52	15.21	7.70	8.54
其它创收收入	78.22	66.37	51.38	45.20	38.13

① 中国经济网. 中国成全球第二大广告市场 北京经营额已突破 800 亿 [EB/OL]. http://www.ce.cn/cysc/newmain/yc/jsxw/201205/29/t20120529_ 21169810.shtml，2012 -5 -29.

② 资料来源：北京市广播电影电视局网站.

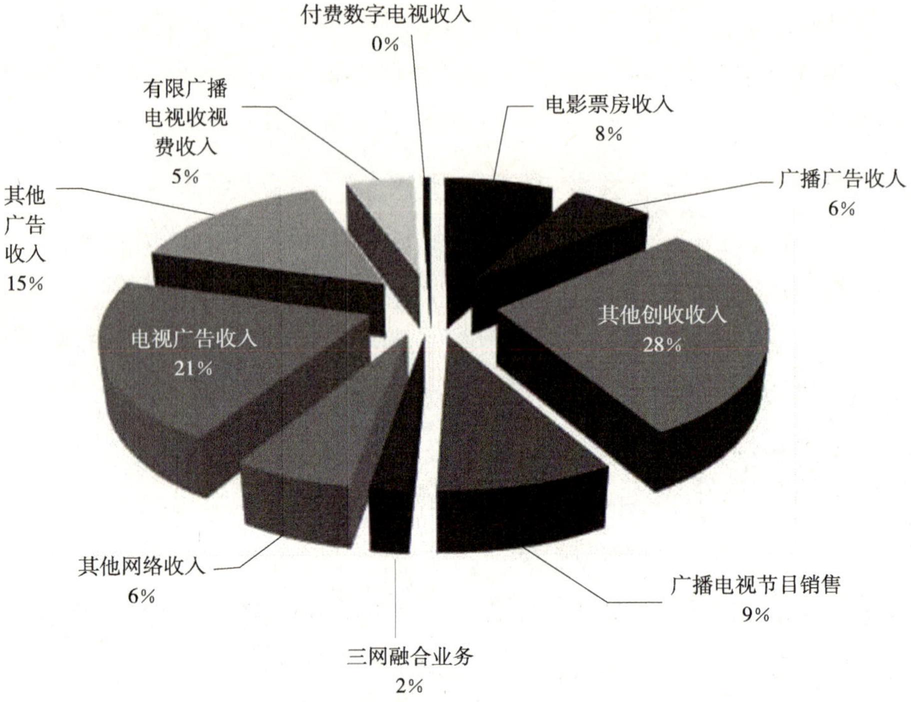

图2　2012年1~11月北京市广播影视累计创收收入构成

（二）产品差异化明显，市场集中度不断提高

根据我国证监会颁布的《上市公司行业分类指引》，传媒业被定为13个产业基本门类之一，其体系结构分为17个子行业，如新闻、影视、网络等（见表2）。北京市传媒业基本上涵盖了我国传媒产业的

表2　中国传媒业分类明细表

大类	出版业	声像业	广播 电影电视	艺术业	信息 传播业	其它
细类	书、报纸、杂志、资料出版业、软件出版业、其它出版业	声乐制品业、影像制品业	广播、电影、电视	剧团	数据处理业	网络

所有行业分支，而随着网络及数字技术的迅速发展，北京市的传媒市场也逐步从传统的报刊、广电、户外“三分天下”的传媒业发展格局转变为报刊、广电、户外和渠道、网络媒体以及移动互联网“五强竞

争”的新格局。相应地，北京市传媒业已经推出了覆盖电影、电视、话剧、广播、网络和移动互联在内的多种媒介形式的传媒产品，产品的差异化在逐步增大。

此外，随着北京市各家媒体之间的互动合作日益频繁，北京市传媒业市场集中度不断提高，并形成了国内最具实力的传媒产业集聚圈。2009年，北京市乃至全国最大的传媒业集聚区CBD－定福庄国际传媒走廊诞生，“走廊”集聚了中央电视台、北京电视台、凤凰卫视等大型传媒企业，形成了强大的辐射效应，其产业链上下游企业迅速聚集，仅东方梅地亚中心就有60多家传媒企业入驻；此外，走廊还集聚了华尔街日报、美国之音（VOA）、时代华纳电通广告等169家国际传媒机构，占北京市国际传媒机构的90%以上。2009年“走廊”传媒产业总产值为694亿元，到2012年产值已翻番，达到了1400亿元。①

（三）在行业改革、经营模式创新等方面在全国走在前列

北京市传媒产业的快速发展不仅表现在规模和产值上，还体现在其行业改革和经营模式创新等方面。2001年开始，我国传媒业开始了自上而下的行业整合，北京市走在了全国的前列。2001年5月，由北京电视台、北京歌华网络股份有限公司、紫禁城影业公司组建的北京广播影视集团正式成立，从而成功打造了北京市传媒产业的巨舰。随后，北京市的报业、网络等行业也纷纷开始了行业整合，一批传媒集团浮出水面，为北京市传媒产业结构优化，甚至北京市产业结构的优化提供了条件。2011年初，中央强调，文化体制改革工作要加大力度、加快进度、巩固提高、重点突破、全面推进，并且明确要求在2012年9月底前全面完成转企改制任务。而早在2009年，文化部直属的《中国文化报》就开始了整体转企改制，并组建了中国文化传媒集团有限公司，成为了我国首家整体改制的部委主管报纸。在其示范效应下，北京市内中央各部门、单位所属的都市类和财经类报刊等出版单位，也纷纷开始进行转企改制，使北京市再一次成为了传媒业行业

---

① 新华网．北京CBD国际传媒走廊成全国首家年产值过千亿元文创基地［EB/OL］．http：//news.xinhuanet.com/fortune/2012－12/21/c_114114778.htm.

改革的率先垂范者。

在经营模式创新方面，北京市顺应媒介融合、数字化转型创新等的发展方向，进行了积极的探索，在媒介内容产品的生产、数字化发展、跨媒体经营等方面都走在了全国的前列。以《北京青年报》为例，早在1994年“北青”就开始了网络媒体的探索，并在国内报纸中率先推出了网络版；之后北青传媒又通过参股《休闲时尚》，填补了报社在DM（Direct Mail）直投杂志领域的空白；2011年，北青报社成功地推出了新媒体终端平板电脑“北青Pad”。[①] 而北京人民广播电台则在全国率先开播DBA视频频道和上线手机WAP网站；2010年，其又开通了问城网，并在实现北京市全境广播数字化的基础上，推出推送式广播服务，使终端产品大大丰富。《光明日报》则通过自主研发，于2010年推出了新媒体“光明云媒”，并国内首次在手机等移动终端上实现了传统纸媒的版面设计。[②]

三、北京市传媒业发展存在的问题

北京市传媒业经过多年的改革与发展，实力迅速壮大，业绩也有明显的提升，并在行业改革和经营模式创新等方面走在全国前列。但在传媒产业取得可喜成绩的同时，明显的体制制约、不合理的传媒资源配置和传媒产业结构等问题也日益突出。

（一）体制制约明显，产业市场化程度不高，发展粗放

政治属性是传媒产业存在的前提，也正是得益于这种行政力量的推动，在北京市传媒发展的早期阶段，才促成了其快速发展和繁荣。然而，随着传媒业的进一步发展，市场逻辑的逐渐明晰，市场力量和行政力量之间的矛盾开始凸显。

一方面，传媒产业二元属性导致其产权归属不清。目前北京市的传媒企业基本上是“国有”性质的单位，其创办者、投资者基本是党政部门或国有企业，普遍存在着产权不清状况。虽然一些传媒实行了集团经营，但是这种传媒集团仍按照党委领导下的管委会负责制，属

① 姚瑶．从北青Pad出发探索新媒体转型模式［J］．中国记者，2012，（2）：17－18．

② ③陆先高．光明云媒：光明日报发力移动新媒体［J］．中国报业，2010，（12）：31－32．

于独立的事业法人实体而不是企业法人实体，其市场、经营与效益意识都很薄弱，缺乏灵活的市场反应机制，无法正常地按市场规律办事。其结果就是导致北京市传媒产业发展徘徊在市场力量和行政力量之间，难以迈开腿脚快速发展，市场化程度低、产业综合竞争力较弱。另一方面，由于我国不同领域中的现行文化管理与产业政策主要由政府不同主管部门制定，因此，行业和部门利益保护色彩比较浓厚，导致北京市传媒产业多头管理、行业所属、部门所有、条块分割严重，横向联系松散，低水平重复建设，无序竞争严重，这种政策与体制严重制约着传媒业的规模化经营。

由于传媒产业政策限制明显，市场化程度不高，行政力量主导传媒资源的配置，过分强调布局和分配的均衡性，传媒资源无法完全按照市场规律进行合理的配置，造成资源浪费。传媒资源主要集中在“国有”性质的单位，其创办者、投资者基本是党政部门或国有企业，而一些实行了集团化经营的传媒单位，也大多保留了“事业身份”，它们凭借着“出身”优势，占有大量资源，但其市场、经营与创新意识却很薄弱，因此，“高资源投入，低效益产出”的粗放型发展模式在传媒产业中表现的也较为明显。

（二）产业结构不合理，区域结构不均衡

北京市传媒产业结构不合理，主要表现为以下三个方面：

（1）以报纸、期刊、广播等为主的传统传媒产业发展较快，而以现代信息技术为基础，以网络为依托的手机电视、数字电视、IPTV 等新兴传媒产业发展较为缓慢。有的传统产业如出版业急需用信息化、数字化对其进行改造，提高其现代化程度。

（2）大部分传媒企业除了主业之外，辅业较少，产业功能和产品结构还比较单一，缺乏多元化发展的路子。以新闻业为例，除广告外，大部分的产业功能没有得到有效开发，在新闻媒介的全部收入中，广告收入占 70%，发行或节目收入占 21%，多元经营占 8%，其它占 2%。而美国的许多媒介集团的广告、发行或节目收入往往只占其全部经营收入的 1/3 左右，约有 2/3 是多元经营收入。

（3）从传媒企业经营的主业来看，其结构也很不合理。以出版业为例，教材教辅与一般图书的利润比例悬殊，说明北京市的出版业严重依赖教材教辅这一垄断性经营业务，缺乏新的利润增长点，也使企业经营遭受了较大的风险。2012 年以来，中央部委颁布和印发的《关于加强中小学教辅教材使用管理工作的通知》《关于加强中小学教辅材料价格监管的通知》等教材教辅新政的秘籍出台，使得以严重依赖该业务的传媒企业陷入了困境。

此外，北京市传媒产业区域发展不均衡，主要表现在主城区传媒产业发展较快，郊区发展较慢。

（三）产业链条较短，衍生产品开发不足

完整的传媒产业链应从报纸、期刊、图书出版开始，到影视制作和音像、电子游戏、教育软件产品的开发，再到玩具、文具、包装、服装等衍生品的开发生产。[①] 其中，传媒衍生产品的开发不仅将传统的传媒产业链延续，还丰富了传媒产业的盈利方式。传媒业中的电影业衍生产品开发表现的最为明显。在许多发达国家，影片本身具有“火车头”效应，大约 70% 的收入可能来自于电影衍生产品的开发，包括音像制品、原创音乐、文学作品、玩具、电子游戏、邮票、纪念品、主题公园等。以《爱丽丝梦游仙境》为例，电影上映后，欧美时装界为这部电影推出的服装和配饰设计将近 20 多种。在电影工业发达的好莱坞，电影衍生品的收入可以高达影片总收入的 73%，远高于电影本身的票房收入。[②]

相比之下，目前北京市传媒产业尚未形成完整的产业链和产业价值链，市场营运机制不够完善和健全，限制了转化和产出更多、更丰富的衍生品。以电影业为例，由于近年来北京市的电影产业市场化刚刚兴起，产业链还没有完善，一部电影 90% 以上的收入来自于票房，电影衍生品市场发展极为滞后；而在不成气候的电影衍生品市场中，

① 敖永春，陈纯柱. 基于 SWOT 对重庆传媒产业的分析［J］. 重庆邮电大学学报（社会科学版），2008，20（6）：86－89.

② 宋华.《水浒人物系列》的市场化运作分析［J］. 当代电影，2010，（3）：63－66.

盗版产品占 80%，主要来自粗劣的手工作坊和批发市场。2008 年，《长江七号》上映以后，七仔备受追捧，而片方委托制作的正版玩偶在影片上映约一周后才姗姗来迟，而且数量不多，导致北京市场断货近半个月。

四、北京市传媒业发展的对策建议

（一）加大传媒产业的体制改革力度

传媒产业具有的二元性决定了其“事业单位企业经营”的体制，并导致了其面临着身份认同、产权不明晰等一系列的问题。

解决这些问题的关键，在于加快传媒产业的体制改革力度，要把政治的宣传与经济的经营分开，革除政事企“三合一”的体制障碍，使传媒产业改革做到产权明晰、权责明确、政企分开，宣传与经营分开，形成传媒业合理的治理结构，实现传媒企业的自主经营、自负盈亏。[1] 政府仅控制少量的全国性的传媒机构，政府对传媒产业的管理模式要由资产管理向资本管理转变，允许大量的社会资本、国外资本进入传媒产业，部分传媒机构实现直接上市融资。要不断完善与创新传媒产业政策，促进文化、财政、工商、税务等多个部门相互协调与配合，以冲破进入传媒市场的壁垒。

要推动传媒业的整合并购，通过这种方式来优化市场结构，形成良性的传媒产业，创造一个健康的发展空间。其中的关键是纵向整合，因为纵向整合更能消除行政化结构导致的重复设置。而在整合的过程中，单靠市场的力量是无法实现的，必须依托行政主导、市场推动的方式才能实现整合。只有在行政力量的主导下，充分尊重传媒市场的规律，发挥市场的推动作用，努力创新和探索，才能使北京市传媒业向规模化、集约化的现代发展之路迈出更大的步伐。

（二）实施传媒整合战略，转变发展方式

传媒业是文化产业的重要部分，它是一个“赢家通吃”的产业，是一种高投入、高垄断、高利润与高竞争并存的特殊行业，它的一个

① 高冰妍，潘岳平．我国传媒产业集团化发展过程中的问题及对策分析［J］．大观周刊，2011，（20）：88．

重要特征就是具有规模经济效应。因此，北京市传媒产业必须克服整体实力不强、竞争力弱的被动局面，克服小而全、弱而散的传媒格局，从单纯依赖数量的粗放型发展方式向大力提高质量、效益的集约化经营转变，培育出传媒产业的“巨无霸”。而要实现传媒的集团化的发展，必须要有明确的战略目标，实施传媒整合战略。通过观念整合，打破各个经营实体各自为政的经营观念，以集团的整体利益为最终目标，优化配置各种资源；通过结构整合，推动媒介组织由单一组织向多元化、网络化的组织结构形态演变；通过资源整合，从广告、印刷、发行、有线网络经营等方面进行资本化运作，开展同类异质化并购，也就是说把传媒作为资源整合的平台，围绕传媒相关的领域战略性地整合各种优质资源，相互依托，相互支持，做强做大北京市的传媒产业。

（三）促进产业融合，优化传媒产业结构

20世纪70年代末80年代初，产业融合开始成为一种国际性的产业发展趋势。随着科技进步的突飞猛进，推动信息产业和传媒产业的结合已成为世界性潮流。数字技术的崛起为与信息技术有关的一切产业提供了一个统一的平台，传媒、通信（电话与无线通讯），以及信息业（计算机与网络）相互融合和渗透，使得西方发达国家解除了诸如传媒业与通信、信息等产业之间传统的行业管理壁垒，并形成了大型的传媒集团，提升了传媒产业的整体竞争力。[①] 目前，美国最大的25家媒介集团，都是包括广播、有线电视、卫星广播电视、报纸、杂志、出版、电影、唱片、娱乐、电话、互联网、体育、零售、广告等多种产业在内的超级信息传播集团。

顺应国际传媒业的发展趋势，北京市传媒产业也应当加快其融合发展的步伐。这包括两个方面的融合，一个是宏观层面的各类传媒之间的融合，另一个是电信网、广播电视网和互联网之间的“三网融合”。目前，我国从三网融合入手，打开了同国际传媒接轨的大门，为

---

① 周对葵，邬义钧. 产业结构高级化：传媒业的现实选择［J］. 传媒，2008，(4)：66－67.

北京市传媒经济的发展准备好了宏观环境条件。各传媒机构要借三网融合之机，坚持由浅入深、由局部到整体、由业务到所有权、组织结构的渐进式融合原则，在降低传媒产品成本的基础上，实现传播媒介的社会效益和经济效益的双赢。

（四）鼓励创新驱动，提升产业发展活力

党的十七届六中全会指出："文化引领时代风气之先，是最需要创新的领域。"在强调文化创新发展的大背景下，作为文化产业核心领域的传媒产业更需要把创新放在突出的位置，通过创新为其发展注入源源不断的活力。

对于传媒企业来说，创新的内容具体包括制度创新、运营创新和技术创新。其中，制度创新是传媒产业发展的根本，它解决的是传媒产业所面临的生存问题；运营创新主要解决传媒产业发展的问题，只有实现制度层面的创新，才能进一步推动运营层面的创新。技术创新在很大程度上决定了传媒产业发展的走向。而目前最大的技术创新就是互联网引发的革命性变化。北京市传媒业应当适应数字化环境，摆脱原来以自我为中心的发展观念，积极地吸收和消化互联网的内容资源和文化特性，提升传媒影响力；传统媒体要凭借自身优势转化为数字内容的提供者，为各种形式的终端，如互联网、手机、车载电视、电子书阅读器等提供符合其传播规律的优质内容产品；要把握新技术、新变化，通过资本运作直接进入新技术领域，充分利用数字技术革命的新成果，为传媒产业的持续发展增加动力。

（《蓝皮书：北京文化创意产业发展报告（2013）》，社会科学文献出版社2013年，北京市社会科学院副研究员赵玉宏对此文有贡献）

北京市工艺美术行业的发展现状、问题与对策

作为文化创意产业的重要组成部分，北京市工艺美术行业近年来在政府相关政策的保护和支持下取得了较快发展。行业总体规模不断扩大、市场机制不断完善、行业领军人才也逐渐增加，然而在工艺美术行业发展的过程中也存在行业税负较重、创意人才和管理人才缺乏、行业管理理念有待创新等一系列问题。工艺美术行业具备典型的经济和文化双重属性特征，既具有独立的行业性特点，又具有鲜明的文化符号价值，是优秀文化传承、展示的重要载体。北京工艺美术作为祖先留给我们的一份珍贵的优秀传统文化遗产，反映着中华民族深厚的文化底蕴，在大力推进文化大发展大繁荣的背景下，加快发展这一行业具有重要意义。

一、北京市工艺美术行业发展现状分析

（一）我国工艺美术行业发展的主要背景和总体现状

根据 1997 年 5 月国务院发布《传统工艺美术保护条例》，工艺美术业是指："采用天然材料制作，有完整的工艺流程，具有鲜明的民族风格和地方特色，历史悠久，技艺精湛，世代相传，在国内外享有声誉的手工艺品种和技艺"。

近年来，随着《传统工艺美术保护条例》等一系列政策文件的贯彻落实，我国工艺美术行业环境不断优化，呈现快速发展的态势，从事工艺美术行业的企业数量逐步增加，产业规模不断扩大。见表一：

表一　中国 2009－2011 年工艺美术主要行业企业数及产品产值统计

产品名称	2009 年		2010 年		2011 年	
	企业数（家）	产值（亿元）	企业数（家）	产值（亿元）	企业数（家）	产值（亿元）
雕塑工艺品	660	260	758	343	369	396

续表

产品名称	2009年		2010年		2011年	
	企业数（家）	产值（亿元）	企业数（家）	产值（亿元）	企业数（家）	产值（亿元）
金属工艺品	558	232	616	340	286	360
漆器工艺品	154	53.8	187	92	94	101
花画工艺品	291	120	305	159	173	178
天然植物纤维编制工艺品	620	284	636	351	376	344
抽纱刺绣工艺品	720	370	754	437	399	382
地毯挂毯	365	243	372	308	259	339
珠宝首饰及有关物品	515	945	541	1421	370	2038
其他工艺品	1404	614	1422	746	741	860
园林陈设艺术及其他陶瓷制品	336	126	390	165	192	184

数据来源：摘编自2009－2011年《中国轻工业年鉴》

从上表可以看出，工艺美术各个行业的企业数量以及年产值逐年递增，正是因为工艺美术行业所具有的蓬勃生命力。

在文化部2012年发布的《文化部“十二五”时期文化产业倍增计划》中，工艺美术成为所确定的十一大重点门类之一。该计划制定的全国工艺美术行业发展目标是：到2015年全国工艺美术业增加值超过6000亿元，出口额超过200亿美元。建设一批工艺美术特色产业集聚区和工艺美术研发、设计、创意基地。挖掘丰富的民族文化内涵，提升产品附加值，增强市场竞争力，打造一批具有广泛影响力的工艺美术品牌，带动工艺美术产业全面发展。

北京市作为举世闻名的文化古都，在全国工艺美术行业大力发展的大环境下，北京工艺美术业取得了举世瞩目的成绩，同时也为首都经济的发展做出了重要贡献。

（二）北京工艺美术行业发展现状

千年古都北京拥有着宫廷风格浓郁的北京工艺美术。北京工艺美术以世界闻名的“燕京八绝”，即玉器、象牙雕刻、景泰蓝、金漆镶嵌、雕漆、花丝镶嵌、宫毯、宫绣为代表，共有六十多类、上千个品种、上万个花色，是祖先为我们留下来的优秀的传统文化遗产。建国以后，北京工艺美术为社会主义建设，为党和政府对外友好往来和文化交流做出过突出的贡献。

首先，从行业规模来看，北京工艺美术行业呈现快速发展态势，总体行业规模不断扩大。据中商情报网数据显示：2000～2010 年，北京工艺美术行业工业增加值年均增速达到 17.14%，利税总额年均增速达 28.32%；2011 年北京工艺美术行业实现总产值 125 亿元，年增速达到 40.36%；2012 年北京市工艺美术品行业共计实现销售收入达 83.42 亿元，同比增长 -2.35%；利润总额为 1.39 亿元，同比增长 -53.85%；行业毛利率为 7.15 %。2012 年末，北京市规模以上工艺美术品行业企业达 22 家，总资产达 70.88 亿元，同比增长 -4.52%。①

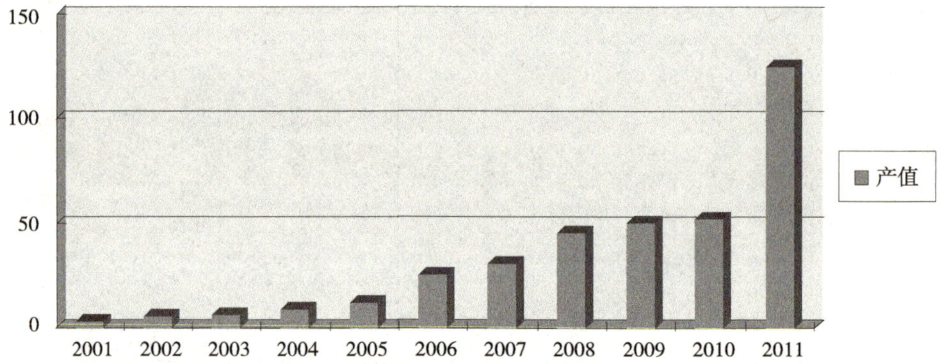

图一　2001－2011 年北京工艺美术行业总产值（亿元）

数据来源：研究报告：北京工艺美术行业发展战略研究——基于人力资本培育与品牌价值提升

其次，从行业市场体制机制方面，北京工艺美术行业市场经济体制逐步健全。行业主体构成主要有以下几类：一是国有及国有转制企业，如北京工美集团、北京珐琅厂等企业纷纷实行改制并取得了明显成效，成为本行业的龙头企业；二是北京本地原有以及外地进京的民营企业逐渐成为行业构成的主体；三是大师工作室以及依托工艺美术专业高校形成的校资企业等，如张同禄大师工作室等。不同的行业构

① 数据来源：中商情报网：http：//www. askci. com/news/201303/01/0115502363629. shtml.

成主体为工艺美术行业增添了活力，有利于引导行业健康有序发展。

再次，从行业发展政策环境来看，政府部门对工艺美术技艺的保护力度逐步加大。2002年以来，北京市先后出台了《北京市传统工艺美术保护办法》《北京市传统工艺美术保护发展资金管理办法》等一系列政策文件，对工艺美术行业的快速发展提供了强有力的支持和保障。

最后，从工艺美术行业的从业人员来看，人才队伍不断扩大，高端领军人才也逐步增多。截至2012年，[①] 北京工艺美术行业拥有北京市级以上工艺大师160人左右，其中全国工艺美术大师30多人，玉雕、牙雕、景泰蓝、雕漆、花丝镶嵌、风筝等多个工艺美术类别的技艺水平和创新水平处于全国领先地位。

二、北京市工艺美术行业发展存在的主要问题

（一）行业管理理念滞后于市场发展，有待创新

当前，北京工艺美术业既迎来了蓬勃发展的大好机遇，同时也面临激烈的市场竞争和成本上涨、创意不强、空间不足等方面的挑战。这就要求政府相关部门根据实际情况制定适应当前行业发展的规章制度，保障行业市场的健康稳步发展。目前，工艺美术业市场管理规章制度仍是依据2004年文化部修改的《美术品经营管理办法》（文化部令第29号）。据调查，多数工艺美术行业主管部门反映，该规章已不太适应新形势下的市场需求。另外，各工艺美术企业自身缺乏具备开拓能力和创新能力的管理人才，致使企业的经营管理理念滞后，市场化运作能力不强，致使北京工艺美术区域品牌缺失，知名企业和知名产品品牌较少。

（二）行业规模总体不强，有待提高

北京工艺美术业近年取得快速发展，但在全国范围内横向相比行业规模相对偏小，年利润总额排名不前。2001年，全国工艺美术总产值727.3亿元，其中江苏77.22亿元，占全国比重10.6%；上海27.47

---

① 数据来源：中国新闻网 http：//www. chinanews. com/cul/2012/01 －17/3610283. shtml.

亿元，占全国3.8%；广东178.25亿元，占全国24.5%；北京仅3.2亿元，占全国比重仅为0.44%。2011年，北京工艺美术行业年产值达到125亿元，但仍然仅占全国行业产值比重1.3%，行业年利润总额低于广东、山东、浙江、福建等地区，排名第十一位，这与北京文化创意产业发展整体水平在全国的地位不匹配。[①] 参见表二：

表二　中国2011年工艺美术行业规模以上工业企业主要经济效益统计（分地区）

地区	全部从业人员平均人数		利税总额		利润总额	
	数值（人）	同比增长（%）	全年累计（万元）	同比增长（%）	全年累计（万元）	同比增长（%）
全国	841389	6.85	4021517.6	34.74	2795001.7	39.95
广东	240884	2.4	800000.8	27.25	587803.2	29.71
山东	120036	3.57	814859	21.25	495205.5	23.33
河南	69770	20.79	644383.1	54.23	474162.1	69.47
福建	124656	3.94	351361.6	43.08	257191.8	48.67
浙江	81134	-0.33	290473.3	10.75	192310.1	8.65
上海	7430	-6.12	127926.8	67.74	107594	87.6
河北	20547	42.36	132980.4	39.2	95969.4	36.61
江苏	43419	1.08	163542	24.14	93948.1	26.83
内蒙古	2137	42.47	79975.4	68.19	72893.8	71.73
辽宁	14131	9.14	104444.9	60.75	72006	73.09
北京	3083	2.09	29674.2	12.42	26544.6	19.11

数据来源：摘编自《中国轻工业年鉴2012》

（三）行业发展税收负担较重，有待减轻

多年来，工艺美术品一直和一般工业品制造一样执行工业的税收政策，制约了工艺美术发展，特别是1993年税制改革实行增值税后，工艺美术品的生产和销售税赋更加增重。因为在执行增值税时不考虑工艺美术品制作中的艺术价值（无法出具原材料增值税票）的特殊因素，迫使企业只有提高价格来完税，但提高价格又造成产品不好卖的

① 数据来源：博宝艺术网：http://news.artxun.com/liuyadong-1219-6091331.shtml.

后果，使很多企业处于两难境地。

据北京市工艺美术行业协会对20家企业调查，在税制改革前，工美企业的纳税负担大体在2%~4%，税改以后交纳增值税平均税率增长到12%。如北京市金漆镶嵌厂税率高达14%，北京市玉器厂不算应在消费环节交纳的10%的消费税，税率高达13%，北京市雕漆工厂的税率也达12%。而据原北京市崇文区、西城区的有关部门测算，一般工业品生产企业税改后，税率大体水平只在4%左右。因此，增值税的问题仍然严重制约着工艺美术行业的发展。

（四）行业人才队伍体系不健全，有待强化

北京工美行业的从业人员数量增加很快，但在全国范围内较其他省市相比，北京市工美行业从业人员总体数量偏少。2011年，工美行业从业平均人数浙江省8万多人、河南6万多人，而北京则不足万人。另外，创意型、设计型高级人才仍然缺乏、青年人才进入意愿不强、行业基础人才队伍规模也有待提高。

目前工艺美术行业从业人员年龄在30岁以下的不超过10%，年龄分布呈倒金字塔形。如北京全市有市级工美大师160人左右，获得中国工艺美术大师的有37人，其中年龄在60岁以上的占78.4%。工艺美术行业从业人员属于手工艺人，受工作环境、收入、社会地位等综合因素的影响使得年轻人不愿意从事此类工作。目前北京仅有的一所工美专业的全国重点技校——工美技师学校，由于生源不足，长期靠租地办学。

三、加快北京市工艺美术行业发展的对策建议

（一）政府层面：完善政策配套，搭建工美行业发展平台

1. 立法推动工美行业保护与发展

首先，北京市政府可以利用财政的杠杆作用，对行业内税收贡献较大的企业给予奖励。统筹使用好工艺美术保护法发展资金，支持工艺美术产业发展。其次，进一步完善促进工美行业产品出口的相关政策，鼓励传统工艺美术品走出国门，促进工美行业产品出口。最后，加大版权执法力度，促进知识产权保护。建立行业部门与市知识产权局、市工商局等有关部门的协调对接机制，加大知识产权保护的执法

力度、监督强度，对工艺美术品市场的侵权案件予以公示，规范消费型市场，营造良好的产权环境与市场秩序。

2. 加强人才政策出台，建立完善的人才制度

针对北京工美行业目前高端创意和管理人才的缺乏，坚持内部挖掘、外部引入并重，多方位提升行业设计人才队伍水平。推动高端人才进京优惠政策的出台，例如针对特殊人才采取放宽住房、进京指标等措施。同时，积极鼓励企业在市场中培养人才，出资支持龙头企业开办行业性研讨会、系列大师级高端论坛、艺术技艺学习班等。建立结构优化的人才体系，实现传统工艺美术高、中、初三级人才的梯队配置，其中高级人才所占比例要达到5%以上，专业人才占从业人员比例达到50%以上。

3. 创新行业投资政策，引导金融资本进入工艺美术产品市场

工艺美术品的发展离不开资本市场的支持，随着国内工美行业市场的逐步成熟，工艺美术产品的资产属性进一步加强。首先，可鼓励国内银行、信托公司、私募基金等参与工艺美术品市场，增强行业资金后盾，发展市场基石。其次，规范国内市场文化产权交易所，促进工艺美术品市场的规范和流通。

4. 政府应该进一步在税收上给予扶持

工艺美术品制造和经营不应该和一般工业品生产采取同一个政策，应采用减免增值税，或一律以小规模纳税人的税率纳税，或重新核定一个适应工艺美术综合税种纳税的方式，解决工艺美术行业税赋过重的问题，使这一古老的行业早日重新振兴。

5. 搭建综合性工美行业信息服务平台

在行业主管部门的指导下，搭建综合性信息服务平台，使其成为面向政府、企业、社会各方主体的政策宣讲、行业促进、企业宣传、信息交流等综合性服务窗口。平台的搭建可加强政府与企业、企业与企业之间的信息交流，提高工作效率。

（二）企业层面：注重创新、推动企业跨行业融合发展

1. 加强文化、科技与工艺美术的结合，提升产品层次

工艺美术品作为文化产品，如何提升其文化价值以提高工艺美术

品的内在价值，已经成为各个企业发展的重中之重。因此工艺美术企业必须从根本上转变生产理念，补上文化修养这一课，从而增强产品的文化竞争力。同时，为了适应现代市场需求，企业需要不时的在产品功能、产品材料运用、设计理念及制作工艺方面进行创新，推动产品功能多元化，这离不开现代科技的力量。例如：艺术品的材料、材质的创新可以依靠大学和研究机构建立工艺美术品的材质检测中心；设计创新可以依靠软件。建议在大学设立艺术品设计系，专门从事艺术品设计的研发与教学，集天下艺术品之美来创造新的艺术品；运用高科技的设备手段还可以大大降低产品的不合格率。

2. 创新发展模式，促进工艺美术行业与其他行业融合发展

面对国际国内经济结构深度调整的新形势和国家支持文化产业发展的新机遇，工艺美术行业企业要深入研究艺术与经济，工艺美术品与市场和产业，工艺美术行业与其他产业间的关系，拓展其应用领域和范围。大力改造提升家庭作坊式的发展模式，加快产业发展进程，建立现代工艺美术产业体系，促进工艺美术产业发展壮大。例如日本漆器及其工艺除了用于艺术陈设品、建筑装饰及生活用品外，还积极与手表、珠宝等领域的高端品牌融合发展，如京都著名漆器品牌与江诗丹顿合作开发了手表系列。[①]

3. 重视品牌打造，积极创建知名品牌

企业品牌、产品品牌是提升企业、产品影响和竞争力的关键要素。目前多数北京工美企业并没有制定品牌发展战略，拥有市级以上品牌影响力的企业数目不足企业总数的5%。因此，工艺美术企业应积极整合资源开发创新产品，重视商标注册和产品品牌打造，积极申请“中国名牌”“中华老字号”等称号，推动企业和产品品牌向国家级、世界级迈进。企业品牌打造首先要精准定位企业自身或产品的资源优势，找准细分市场，创建差异化的品牌以赢得市场的认可。

---

① 案例引自《北京工艺美术行业发展战略研究—基于人力资本培育与品牌价值提升》，北京方迪经济发展研究院，2013年4月。

4. 创办电商平台，拓宽企业营销渠道

随着中国电子商务的发展，很多传统企业纷纷把产品搬到网络上销售，并取得了良好的收益。工艺美术行业企业也可以通过建立数据库整合创意大师、工艺技师等信息资源，便于消费者了解产品的价格、图片、作者等各种信息。同时，电子商务平台的建立将提高企业的市场竞争能力，实现信息流、物流与资金流“三流合一”的企业信息化发展目标。例如为营造低成本的商业经营环境，配套完善服务，莆田工艺美术城创立了电子商务平台网站，通过该网站，来自浙江的客商迅速地查询到了其急需的木雕艺术产品，顺利地买到称心的工艺品。电子商务平台还可以进行网上贸易，大大拓展莆田工艺品产业的国际、国内市场。①

北京市工艺美术行业在国家、市委市政府的大力支持下迎来了发展的大好机遇，应站在推动首都文化大发展大繁荣的战略高度，从政府层面、企业层面以及社会各主体方面通力合作，解决行业发展现存的突出问题，实现工艺美术行业又好又快发展。

参考文献：

[1] 王莉. 北京市传统工艺美术行业现状调查报告. 首都师范大学学报（社会科学版），2003（增刊）.

[2] 高小霁. 试论传统工艺美术产业化发展的问题、对策与走向. 深圳工艺美术网 http：//www. artcraft. com. cn.

[3] 山东省关于家具、工艺美术等 10 个特色产业调整振兴指导意见（第二批）. 山东省政府网 http：//www. shandongbusiness. gov. cn/index/content/sid/91599. html.

[4] 研究报告：北京工艺美术行业发展战略研究—基于人力资本培育与品牌价值提升. 北京方迪经济发展研究院，2013 年 4 月.

（《蓝皮书：北京文化创意产业发展报告 2013》，2013 年）

① 根据网站相关内容整理：http：//news. hxyjw. com/pxdt/13652/.